DIDÁTICA DA PARTICIPAÇÃO

SERVIÇO SOCIAL DO COMÉRCIO
Administração Regional no Estado de São Paulo

Presidente do Conselho Regional
Abram Szajman
Diretor Regional
Danilo Santos de Miranda

Conselho Editorial
Ivan Giannini
Joel Naimayer Padula
Luiz Deoclécio Massaro Galina
Sérgio José Battistelli

Edições Sesc São Paulo
Gerente Marcos Lepiscopo
Gerente adjunta Isabel M. M. Alexandre
Coordenação editorial Cristianne Lameirinha, Clívia Ramiro, Francis Manzoni
Produção editorial Rafael Fernandes Cação, Thiago Lins
Coordenação gráfica Katia Verissimo
Produção gráfica Fabio Pinotti
Coordenação de comunicação Bruna Zarnoviec Daniel

DIDÁTICA DA PARTICIPAÇÃO

Teoria, metodologia e prática

Victor J. Ventosa

Tradução **Newton Cunha**

© Victor J. Ventosa Pérez, 2016
© Edições Sesc São Paulo, 2016
Todos os direitos reservados

Preparação Sílvia Balderama
Revisão Vanessa Gonçalves, Pedro Paulo da Silva
Projeto gráfico e diagramação Erika Tani Azuma e Rodrigo Disperati | Collecta Estúdio
Capa a partir de detalhe de *Sem Título*, da série Torção, 2014. Obra de Sônia Gomes.

V566d	Ventosa, Victor J.
	Didática da participação: teoria, metodologia e prática / Victor J. Ventosa; Tradução de Newton Cunha. – São Paulo: Edições Sesc São Paulo, 2016. –
	208p.
	ISBN 978-85-9493-011-8
	1. Educação. 2. Didática da participação. 2. Animação sociocultural. I. Título. II. Cunha, Newton.
	CDD 370

Edições Sesc São Paulo
Rua Cantagalo, 74 – 13°/14° andar
03319-000 – São Paulo SP Brasil
Tel. 55 11 2227-6500
edicoes@edicoes.sescsp.org.br
sescsp.org.br/edicoes
/edicoessescsp

SUMÁRIO

NOTA À EDIÇÃO BRASILEIRA 7

INTRODUÇÃO 9

PARTE I - FUNDAMENTOS DA PARTICIPAÇÃO 13

   1. MAPA CONCEITUAL DA PARTICIPAÇÃO: ALGUMAS NOÇÕES CHAVE 15

      1.1 Educação popular 15

      1.2 Educação social 17

      1.3 Animação sociocultural 19

      1.4 Lazer e tempo livre 21

      1.5 Educação não formal 25

   2. A ANIMAÇÃO SOCIOCULTURAL COMO DIDÁTICA DA PARTICIPAÇÃO:
      UM NOVO ENFOQUE 29

      2.1 Do animador iluminado ao animador iluminador 35

      2.2 Crítica da Teoria Crítica 37

      2.3 Reformulações para uma nova época 42

      2.4 Da animação política à política da animação 47

      2.5 Uma nova animação para ensinar a participar no século XXI 50

   3. BASES PARA UMA DIDÁTICA DA PARTICIPAÇÃO 57

      3.1. O que entendemos por participação? Significados, dimensões
      e enfoques 61

      3.2. Fundamentos psicopedagógicos: modelos, teorias e recursos
      didáticos para a participação 63

      3.3. Dimensão socioeducativa da participação 82

      3.4. Contribuição de outras ciências 90

PARTE II - METODOLOGIA E PRÁTICA DA PARTICIPAÇÃO 97

4. FORMAÇÃO E PARTICIPAÇÃO: ENFOQUES E MODELOS 99

4.1. Formação para a participação e formação participativa 99

4.2. A metodologia ativa como base do aprendizado participativo 100

4.3. Formação através de projetos: um modelo integral de formação participativa 104

4.4. O método Aprepia como exemplo de desenho curricular em chave ativa 114

5. TÉCNICAS E RECURSOS PARA A PARTICIPAÇÃO 121

5.1. Fundamentos das técnicas de participação 122

5.2. Papel do educador como animador dos processos de aprendizado 124

5.3. Modelo integral de formação para a participação 130

5.3.1. Técnicas relacionais: centradas na manutenção da participação 132

5.3.2. Técnicas produtivas: centradas no conteúdo da participação 149

6. LIDERANÇA E PARTICIPAÇÃO SOCIAL: OS AGENTES 161

6.1. Definição e modalidades 163

6.2. A liderança social: caracterização, tipologia, enfoques e âmbitos 166

6.3. Liderança social participativa: características e competências 175

6.4. Possibilidades e limites da participação 177

7. NEUROANIMAÇÃO: UMA NOVA MODALIDADE DE INTERVENÇÃO SOCIOEDUCATIVA A PARTIR DA NEUROCIÊNCIA 179

7.1. Conceito e finalidades 179

7.2. Bases neurológicas da motivação e do aprendizado ótimo 180

7.3. Estratégias de neuroanimação 182

7.4. A pirâmide de necessidades do cérebro 186

7.5. Atividades de neuroanimação 188

BIBLIOGRAFIA 199

SOBRE O AUTOR 207

NOTA À EDIÇÃO BRASILEIRA

A crescente aceitação da alteridade é tanto causa quanto consequência de uma educação cujos valores se encontram em transição, exigindo de educadores e educandos um protagonismo compartilhado na construção do saber. Baseado no conceito de animação sociocultural (ASC), *Didática da participação* elenca diferentes práticas de ensino-aprendizagem que promovem a emancipação dos sujeitos, o abandono de modelos convencionais, privilegiando a troca de experiências e a resolução de situações-problema que façam sentido real para o aprendizado.

Essa perspectiva recusa a ideia de um conhecimento fragmentado. Ao contrário, legitima-se pelo estímulo à transversalidade e ao compartilhamento de saberes, por meio de dúvidas, perguntas e respostas pensadas comumente. Para isso, Victor Ventosa parte de três princípios, quais sejam a cultura da conversação, a primazia da emoção no acesso à razão e a moral da confiança recíproca para criar ambientes educativos não hierarquizados, nos quais o educador é um cultivador de sentidos e não simplesmente um ser dotado de cultura; ele abre caminhos para a interpretação da realidade, mas não os trilha sozinho.

Embora possa soar estranho, o princípio da participação não faz parte da natureza do sujeito, não se estabelece por intuição, tampouco se mostra de forma isolada sempre que necessário. O autor defende que a participação é aprendida, consolidando-se por meio de práticas cotidianas de alternância de fala, escuta, discussão, reflexão e tomada de decisões. Trata-se do aprendizado árduo e cotidiano da democracia, podendo-se dizer que desempenha um papel fundamental para o equilíbrio social.

Exercer a didática da participação pressupõe aprender a viver junto, instituir e conquistar objetivos comuns. Para isso, a animação sociocultural possibilita o exercício da "cidadania geradora de intersubjetividade", aspira ao consenso e ao acordo, vislumbra uma utopia democrática.

Didática da participação levanta a necessidade permanente e imperativa de se debater as bases da educação, tendo em vista o sujeito e a sociedade que se almeja formar. Soma-se a isso, o fato de tratar-se de uma leitura contemporânea do conceito de animação sociocultural, uma das bases teóricas do trabalho do Sesc, daí sua publicação por esta casa.

INTRODUÇÃO

*Nenhuma sociedade poderá dar vazão à lógica cooperativa
se seu sistema educativo não ensina a pensá-lo.*[1]

O tema da participação[2] foi pouco estudado e, quando realizado, feito preferencialmente a partir da psicologia (especialmente a psicologia social) ou da sociologia (sobretudo da sociologia comunitária). Daí que as escassas publicações existentes a respeito tenham concebido a participação exclusivamente como metodologia social e, geralmente, dentro do contexto disciplinar e profissional do Trabalho Social.

O que me proponho neste livro é demonstrar que a participação tem uma dimensão não só social, mas educativa também, sem a qual será muito difícil torná-la possível e eficaz. Pois, embora a sociabilidade seja uma característica inerente à natureza humana, seu desenvolvimento e aplicação só são possíveis mediante seu aprendizado e exercício em contextos sociais propícios. Isso faz com que a participação requeira um processo de aprendizado que prepare e treine o indivíduo no desenvolvimento das habilidades necessárias para participar dos múltiplos e diferentes contextos de nossa vida, caracterizada por uma crescente complexidade.

Para isso, será necessário construir uma didática da participação a partir de algum modelo de intervenção que tenha nela seu principal meio e, sendo possível, sua finalidade última. Esse modelo afortunadamente existe e tem uma jornada histórica suficientemente ampla e contrastada para dela podermos nos servir e, assim, abordar essa inédita e ousada empresa. Refiro-me à animação sociocultural, um modelo de intervenção socioeducativa do qual muito se tem falado, sobre o qual muito se tem escrito, além de ter sido suficientemente investigado

---

[1] "*Ninguna sociedad podrá dar cauce a la lógica cooperativa si su sistema educativo no enseña a pensarlo*", em Eduardo Punset, *Viaje a las emociones*, Barcelona: Destino, 2011.

[2] Manuel Sánchez Alonso, *La participación: metodología y práctica*, Madri: Popular, 1991.

para se ter convertido – daquilo que, meio século atrás, era uma prática incerta e intuitiva – em uma disciplina fundamentada, academicamente consolidada e profissionalmente reconhecida.

No entanto, apesar de ser, desde os princípios deste século, um dos âmbitos de investigação sociopedagógica com maior número de publicações científicas e acadêmicas de nosso meio[3], nenhuma delas abordou até agora a dimensão didática da animação sociocultural com respeito àquilo que a maior parte da literatura considera como seu objeto fundamental: a participação.

Esse é precisamente o desafio que me proponho abordar ao longo das próximas páginas. Como toda iniciativa pioneira, esse propósito é arriscado, não apenas pelo ineditismo do enfoque, mas também pela ausência de referências a estudos e investigações sobre os quais apoiar este trabalho. No entanto, creio que o risco merece ser assumido, pela certeza de que lançar as bases para o desenvolvimento de uma didática da participação é algo urgente e necessário no contexto atual das sociedades complexas em que vivemos e para as quais temos de educar e nos educar.

O livro está dividido em duas partes. Uma primeira dedicada à fundamentação conceitual, teórica e didática da participação e uma segunda centrada no oferecimento de uma metodologia e de uma série de recursos práticos para seu aprendizado.

Para isso, inicio esta obra com um primeiro capítulo dedicado a delimitar e definir a constelação de noções afins que determinam, em meu entender, o mapa conceitual da participação a partir de um enfoque sociopedagógico.

No segundo capítulo, dedico-me a realizar uma revisão e uma atualização teórica da animação sociocultural, à luz das correntes de pensamento atual, que permitam apresentar essa disciplina como uma didática da participação e não tanto como uma práxis ou metodologia social, como foi apresentada até agora pela maioria dos teóricos das instituições.

Uma vez instituído o marco conceitual e teórico de minha proposta, dedico um terceiro capítulo ao estabelecimento de bases para o desenvolvimento de uma didática da participação, a partir das contribuições de investigações atuais de áreas como a psicopedagogia, a sociopedagogia, a biologia ou as neurociências.

A segunda parte tem início com um capítulo voltado à descrição de alguns modelos de formação, exemplos de aplicação da metodologia ativa como base do aprendizado participativo.

---

[3] Nesse sentido, pode-se consultar a interessante e rigorosa investigação bibliográfica realizada até o momento sobre pedagogia social a cargo de Paciano Fermoso, *Historia de la pedagogía social española*, Valência: Nau Llibres, 2003.

Depois de me deter na formação participativa como aplicação genérica da metodologia participativa no ensino, concentro-me, de maneira especial, na formação para a participação, mediante a apresentação de uma proposta metodológica que oriente, de maneira sistematizada, esse processo, por meio de uma série de técnicas adequadas a cada uma das etapas do referido modelo.

Em seguida, trataremos dos agentes que impulsionam a participação. Para isso, explicitarei as bases e as características da liderança social participativa como uma modalidade diferente dos outros tipos de liderança, capaz de responder às características que devem reunir, em meu entender, os agentes da participação, quer dizer, os novos animadores socioculturais.

O último capítulo encerra o livro abrindo-o ao futuro, mediante a proposta e a definição de uma inédita e promissora modalidade de intervenção socioeducativa – a neuroanimação –, a partir da aplicação dos princípios da animação sociocultural às atuais e futuras contribuições da neurociência.

PARTE I

FUNDAMENTOS DA PARTICIPAÇÃO

1. MAPA CONCEITUAL DA PARTICIPAÇÃO: ALGUMAS NOÇÕES CHAVE

Para compreender o sentido e o alcance da temática a ser desenvolvida neste livro, é necessário demarcar o conceito de participação dentro da constelação de conceitos com os quais está estreitamente relacionado. Os conceitos a que nos referiremos na continuação configurarão o mapa conceitual da participação a partir do enfoque aqui abordado e, por isso, constituem as premissas epistemológicas que fundamentarão todo o nosso discurso ao longo desta obra.

1.1. EDUCAÇÃO POPULAR

Começamos por esse conceito porque, historicamente, é o que antes se consolida no que se refere à participação, entendida a partir de um enfoque comunitário e bastante relacionado com o que, pouco depois, viria a se chamar animação sociocultural (ASC), especialmente no contexto latino-americano, a partir dos anos 1970[1].

Essa vinculação foi interpretada com enfoques diversos, que vão desde a concepção da educação popular (EP) como um antecedente ou, inclusive, uma versão latino-americana da ASC e da liderança social (Simpósio de Palma de Mallorca, 1989[2]), até a consideração de ambas as realidades como realizações paralelas, com vinculações muito reduzidas na prática[3].

---

[1] Maria José Aguilar Idañez, *Cómo animar um grupo*, San Isidro: ICSA, 1990. Edição brasileira: *Como animar um grupo*, São Paulo: Vozes, 2004.

[2] Victor J. Ventosa, "Perspectiva comparada de la ASC", em Jaume Trilla (coord.), *Animación sociocultural: teorías, programas y âmbitos*, Barcelona: Ariel, 1997, p. 94. Edição brasileira: *Animação sociocultural*, São Paulo: Instituto Piaget, 2005.

[3] Maria José Aguilar Idañez, *op. cit.*

Portanto, temos de situar nosso campo de análise da EP nessa perspectiva, mas acrescentando os vinte anos transcorridos desde aqueles primeiros posicionamentos até agora. É precisamente essa evolução histórica – com mudança de século incluída – que será decisiva para fundamentar minha posição, tendo em vista o que já antecipei há alguns anos, como resultado de uma investigação comparada entre Europa e América Latina:

> a ASC e a educação popular na América Latina, embora sejam campos com vinculações constatadas [...] não chegam a se identificar, pois provêm de itinerários históricos diferentes e são aplicadas a partir de perspectivas diversas[4].

Para ser mais preciso, a maior vinculação entre EP e ASC, com relação ao tema que nos ocupa, procede do âmbito metodológico, à medida que a primeira serviu-se dos métodos da ASC com o propósito de "atuar como catalisadora que estimula os processos de participação das pessoas"[5].

No entanto, e curiosamente, nessa semelhança também reside a maior diferença entre ambas, dado que a EP – segundo a maior parte da literatura existente a respeito – é a aplicação, no âmbito pedagógico, de uma determinada teoria (a teoria dialética) com uma finalidade política que tem por intenção a hegemonia das classes subordinadas por meio da acumulação popular do saber em um contexto social carente de tecido social e de democracia. Isso supõe, nas palavras de Maria José Aguilar, "o uso da educação com uma clara intencionalidade política, dentro de uma proposta revolucionária"[6].

Em razão do que foi dito, a EP, de uma perspectiva epistemológica, é uma teoria de terceiro nível ou, mais exatamente, uma determinada filosofia ou concepção ideológico-ético-política da educação e, mais concretamente, da educação de adultos[7].

Ao contrário, o contexto de surgimento da ASC é completamente diferente do da EP, já que, como bem advertiu Ruz Aguilera, retomando por sua vez uma das declarações do Conselho da Europa no Simpósio de San Remo de 1972, em uma das primeiras teses de doutorado a respeito[8]:

---

[4] Victor J. Ventosa, *op. cit.*, pp. 94-6, 1997.

[5] Maria José Aguilar Idañez, *op. cit.*, p. 4.

[6] *Ibidem*.

[7] Jaume Trilla, *Otras educaciones*, Barcelona: Anthropos, 1993, pp. 101-2.

[8] Omar Ruz Aguilera, *La educación de adultos en Iberoamérica: entre el adiestramiento y la liberación*, Tese de doutorado – Universidad Complutense, Madri: 1989.

> A animação sociocultural supõe a existência prévia de uma sociedade civil com um grau de desenvolvimento autônomo face à organização administrativa estatal, que permita a seus cidadãos a capacidade de se reconhecer como sujeitos, capazes de se organizar e de impulsionar seus próprios projetos no plano social e cultural.

Em definitivo, a EP e a ASC são produtos de e para contextos sociais e históricos diferentes e que, por isso, vêm com exigências e instruções também diferentes, ainda que ambas tenham em comum a importância dada à liderança social participativa como elemento catalisador dos processos de transformação e melhora da realidade.

Nos últimos anos, constatamos como a ASC está ganhando relevo em comparação com a EP, à medida que o desenvolvimento democrático se vai consolidando na América Latina; do mesmo modo, na Europa, a ASC está ganhando relevo em face da educação de adultos, entendida como alfabetização, devido ao fato de que, afortunadamente, o analfabetismo é estatisticamente residual na maior parte dos países europeus.

Mas essas diferenças, como apontava anteriormente, além de meramente contextuais, chegam à própria natureza de ambas as noções. Pois enquanto o característico da EP, como dizíamos, é sua condição de filosofia educativa ou enfoque ideológico-político, de onde realmente adquire toda sua especificidade e potência, a ASC é de nível tecnológico ou metodológico, como também apontam outros investigadores tanto europeus (Xavier Úcar, Gloria Pérez Serrano, María Victoria Pérez de Guzman) como latino-americanos, entre eles Ezequiel Ander-Egg ou Ruz Aguilera, de quem retomamos uma das mais claras afirmações a respeito:

> Parece-nos que a animação é um enfoque que adquire sua maior consistência no fazer; por isso a visualizamos mais como uma metodologia do que como uma teoria da ação social ou educativa[9].

1.2. EDUCAÇÃO SOCIAL

Outro conceito que cremos intimamente relacionado com o de participação, enquanto componente da socialização, é o de educação social. Essa disciplina constitui um ramo da educação geral e podemos defini-la como:

---

[9] *Ibidem*, p. 660.

> *Conjunto fundamentado e sistemático de práticas educativas não convencionais, desenvolvidas preferencialmente – embora não exclusivamente – no âmbito da educação não formal, orientadas para o desenvolvimento adequado e competente da socialização dos indivíduos, assim como para dar resposta a seus problemas e necessidades sociais*[10].

Epistemologicamente, a educação social pertence ao âmbito do saber prático e, por isso, constitui o objeto de estudo da pedagogia social, ramo por sua vez da pedagogia geral. Nesse sentido, a educação social está mais orientada para a intervenção e a mudança socioeducativa[11], diferentemente da educação formal, mais centrada no ensino regular e na aprendizagem. Os âmbitos ou áreas de intervenção que constituem a educação social se caracterizam por uma série de traços diferenciadores, entre os quais destacamos dois:

> Surgem para dar resposta a novas necessidades socioeducativas que o atual sistema escolar e formal não pode satisfazer por saturação, rigidez ou excessivo formalismo.

> Seu âmbito de atuação transcorre predominantemente dentro da educação não formal ou extraescolar e abarca uma pluralidade temática e multidisciplinar fronteiriça com outras disciplinas e perfis sociais, culturais, escolares, sanitários, psicopedagógicos e jurídicos.

Em razão disso, o educador social, de uma perspectiva vertical, é chamado para trabalhar em programas e equipes interdisciplinares, junto a outros profissionais – trabalhadores sociais, psicólogos, técnicos de saúde, juízes, animadores, monitores –, que atuam nos mesmos espaços sociais, mas com diferentes funções e finalidades.

De uma perspectiva transversal, os âmbitos ou modalidades mais importantes da educação social são quatro[12]:

> *Educação de adultos* – Alfabetização, educação permanente, educação compensatória, desenvolvimento comunitário, educação de idosos, educação para a paz, educação cívica, pedagogia dos meios de comunicação, educação para a saúde e pedagogia hospitalar.

---

[10] Victor J. Ventosa, *Expresión musical, educación y tiempo libre*, Madri: Editorial CCS, 1999.

[11] Antonio Juan Colom (coord.), *Modelos de intervención socioeducativa*, Madri: Narcea, 1987.

[12] Antonio Petrus (coord.), *Pedagogía social*, Barcelona: Ariel, 1987; Victor J. Ventosa, *op. cit.*, 1999.

> *Educação especializada* – Pedagogia da inadaptação e da marginalização social, intervenção socioeducativa em toxicomanias, tipos de drogadição e em grupos com necessidades especiais (minorias étnicas, refugiados, imigrantes, pessoas com incapacidades, cronicamente enfermas, vítimas de violência, de abusos, de guerra, grupos ou comunidades subdesenvolvidas etc.).

> *Formação sociolaboral* – Formação ocupacional, reciclagem e atualização profissional, formação na empresa, inserção e reinserção profissional, transição para a vida ativa, escolas-oficinas e escolas de ofício.

> *Animação sociocultural e educação no tempo livre* – Recreação, lazer e/ou educação para o lazer, educação ambiental, promoção do associativismo, promoção e gestão cultural.

De acordo com esse mapa socioeducativo, a participação e a dinamização sociais se situam, preferencialmente, dentro do último dos âmbitos socioeducativos descritos, identificado com o perfil dos animadores socioculturais e com a ASC, um conceito de que falaremos a seguir.

1.3. ANIMAÇÃO SOCIOCULTURAL

Como já esclarecemos anteriormente, a ASC constitui um âmbito da educação social, mas, ao mesmo tempo, é um modelo transversal de intervenção, caracterizado por se realizar através de uma metodologia ativa, destinada a gerar processos auto-organizativos individuais, grupais e comunitários, orientados para os desenvolvimentos cultural, social e educativo de seus destinatários[13]. Nesse sentido, o agente social, como dinamizador e estimulador da participação, se identifica com a figura do animador sociocultural, e a *liderança social participativa*, de que falaremos mais adiante, é o processo de ASC que ele impulsiona e coordena, com o envolvimento ativo da comunidade destinatária. Mas para isso, e antes de mais nada, veremos que é necessário *aprender a participar* por parte dos membros do grupo ou da comunidade, um aprendizado que não é fácil e requer a aquisição de uma série de habilidades sociais e emocionais cada vez mais necessárias no contexto das sociedades complexas em que vivemos. Por isso, é necessário analisar *qual a melhor forma de ensinar a participar* para facilitar sua assimilação. É necessário estabelecer as bases de uma *didática da participação* e a

---

[13] Victor J. Ventosa, *op. cit.*, 1999.

tese que manterei e tentarei fundamentar neste livro é de que a ASC nos oferece um modelo e uma metodologia adequados para isso.

Epistemologicamente, a ASC não constitui uma ciência autônoma em si mesma, porque adquire sua fundamentação teórica da contribuição de outras ciências (pertencentes, por isso, ao nível de fundamentação da ASC, como a psicologia e a pedagogia social, a sociologia e a antropologia), mas tampouco a podemos reduzir exclusivamente a um conjunto de práticas, dado que as atividades que conformam a prática da ASC (artísticas, lúdicas, desportivas etc.) não são exclusivas dela, e o que realmente converte uma ação em ASC não é seu conteúdo, e sim a forma de executá-la, de tal maneira que gere a participação e o envolvimento ativo de seus destinatários. Essa natureza formal e de procedimento da ASC, orientada para o desenvolvimento de processos auto-organizativos criadores de tecido social, é o que faz com que se situe em um nível intermediário entre a teoria e a prática, como uma tecnologia social, no sentido que Bunge[14] outorga a esse conceito, quer dizer, como um corpo de conhecimentos elaborado e utilizado para desenhar, produzir e manter artefatos sociais, tais como grupos e associações em torno de projetos socioculturais.

A natureza e o sentido da ASC estão determinados por sua polissemia e polivalência, que se encontram na etimologia latina do conceito de animação:

> *Animus*: mobilizar, dinamizar, pôr em relação. Representa a parte material da ASC, isto é, o conjunto de conhecimentos, atividades, técnicas, recursos, relações e demais processos comunicativos e expressivos que moldam as experiências criativas ideais, geradoras de participação e estados de fluxo[15]. Constitui a dimensão instrumental e imanente da animação. Essa dimensão da animação se materializa no grupo como base de intervenção e espaço relacional de seus integrantes.

> *Anima*: dar vida, dar sentido ou significado. Diz respeito à parte formal da ASC e está composta pelos projetos socioculturais impulsionados a partir dos desejos e propósitos da comunidade destinatária, através de um processo de liderança social participativa. Carrega a dimensão intencional, criadora e transcendente da animação enquanto criadora de ordem e sentido a partir do caos ou desordem inicial de uma determinada realidade social. A ferramenta através da qual se materializa essa dimensão é o projeto.

---

[14] Mario Bunge, *Emergencia y convergencia*, Buenos Aires: Gedisa, 2004.

[15] Mihaly Csikszentmihalyi, *Fluir (flow): una psicología de la felicidad*, Barcelona: Kairós, 2010.

Consequentemente, a ASC é uma estratégia orientada para a mobilização (*animus*) de um determinado coletivo (crianças, jovens, adultos ou idosos), mediante um processo participativo, com objetivo de envolvê-lo de maneira ativa no desenvolvimento de projetos socioculturais geradores de sentido (*anima*)[16]. Para isso, a animação se serve de uma série de espaços e de recursos associados a três modalidades fundamentais:

> *Animação cultural*: é aquela modalidade de animação que se centra metodologicamente na realização de determinadas atividades artístico-culturais (teatro, música, artes plásticas etc.) com o intuito de desenvolver a expressão, a criatividade e a formação cultural através da prática e do envolvimento ativo de seus destinatários. Exemplos dessa modalidade são a animação teatral, a animação da leitura ou a animação musical.

> *Animação social*: constitui aquela modalidade de animação centrada mais na comunidade e dirigida à promoção associativa e ao desenvolvimento comunitário de determinado território (programas socioculturais das associações de vizinhos ou de bairros, assim como os centros cívicos e equipamentos sociais comunitários).

> *Animação educativa*: é aquele tipo de animação que busca, fundamentalmente, a educação e o tempo livre de crianças, jovens e também idosos, por meio do jogo e das atividades recreativas em grupo. Finalmente, a animação educativa ou pedagógica se ocupa do desenvolvimento da motivação para a formação permanente, por intermédio da aplicação de métodos ativos e de técnicas de participação em processos de ensino-aprendizagem.

Em definitivo, a ASC tem o educativo como finalidade, o social como âmbito e o cultural como meio de intervenção. O processo que une, articula e impulsiona esses três componentes é precisamente a liderança social participativa.

1.4. LAZER E TEMPO LIVRE

Tradicionalmente em nosso meio, esses conceitos (lazer e tempo livre) costumam vir sempre juntos. Essa circunstância faz com que, com frequência, sejam confundidos e, inclusive, se chegue a igualá-los, quando na realidade são dois conceitos bem diferentes, ainda que estreitamente relacionados.

---

[16] Victor J. Ventosa, *Desarrollo y evaluación de proyectos socioculturales*, Madri: Editorial CCS, 2001.

De uma perspectiva sociológica, o conceito de tempo livre constitui o "terceiro tipo de tempo" da vida humana, junto com o tempo de trabalho e o das necessidades fisiológicas e obrigações sociofamiliares. Tempo livre, portanto, é o tempo disponível que nos resta, uma vez descontado o tempo não disponível ou o das obrigações de trabalho, fisiológicas e sociofamiliares. Considerando-se um enfoque pedagógico, o tempo livre constitui a matéria-prima do lazer, a condição necessária, mas não suficiente do lazer[17]. Utilizando a terminologia aristotélica, enquanto o tempo livre possui uma natureza material, o lazer é o que dá uma determinada forma educativa ao tempo livre. Nesse sentido, é importante não confundir a ASC com a educação para o lazer em sua totalidade, já que a ASC aplicada ao âmbito do tempo livre se ocupa apenas do lazer social, comunitário, compartilhado. À diferença de outros enfoques mais centrados no lazer individual ou lazer como *vivência*[18], a ASC se ocupa do lazer como *com-vivência*.

Desse modo, podemos dizer que o lazer é o tempo livre aproveitado[19], à diferença do tempo livre perdido ou estéril, a que também se pode chamar ociosidade. Por extensão, as atividades do tempo livre são todas aquelas atividades que entram no conceito de recreação, de inspiração americana, enquanto o lazer se identifica mais com o conceito europeu. Assim, a pedagogia do lazer é aquele ramo da pedagogia que se encarrega do estudo da dimensão educativa do lazer, enquanto a educação para o lazer e o tempo livre é um ramo da educação social que se ocupa da aplicação dos princípios da pedagogia do lazer na prática socioeducativa[20].

As finalidades do lazer foram resumidas, de maneira clássica, por Dumazedier[21], ao aludir aos três "Ds": diversão, descanso e desenvolvimento. Mas esse esquema foi superado por desenvolvimentos teóricos mais recentes. Nesse sentido, as contribuições posteriores de Trilla[22] resumem as características essenciais que uma atividade de tempo livre deve reunir para se converter em lazer autêntico: autonomia, prazer e autotelismo (fim em si mesmo).

É muito revelador que precisamente esses traços do lazer coincidam com os traços que, segundo as investigações mais exaustivas e recentes da psicologia

---

[17] Victor J. Ventosa (coord.), *Manual del monitor de tiempo libre*, Madri: Editorial CCS, 2005.

[18] Jean Leif, *Tiempo libre y tiempo para uno mismo*, Madri: Narcea, 1992.

[19] Victor J. Ventosa, *op. cit.*, 2005.

[20] Jaume Trilla (coord.), *op.cit.*

[21] Joffre Dumazedier, *Hacia una civilización del ocio*, Barcelona: Estela, 1964.

[22] Jaume Trilla (coord.), *op. cit.*

positiva, caracterizam o conceito de fluxo ou estado de felicidade[23]. Um estado que podemos relacionar com o que chamamos qualidade de vida em nosso campo e ao qual se chega cumprindo algumas condições básicas e que, curiosamente, também são comuns a qualquer experiência lúdica e de lazer:

> Existência de uma tarefa ou atividade que implique **um objetivo ou desafio** para aquele que a empreende, com **meta** definida, **regras** claras para poder alcançá-la, uma **dificuldade** adequada e uma **retroalimentação**.

> Exigência de uma **concentração** profunda (ensimesmamento) no desenvolvimento da dita atividade que conduza à fusão com ela.

> Capacidade e sensação de **controle** (autocontrole) por parte do protagonista da ação.

> Sentimento de **satisfação pessoal** no desenvolvimento da ação.

> **Alteração da percepção de tempo** durante o desenvolvimento da atividade.

> **Autotelismo** ou identificação do *porquê* e *para quê* da atividade, de tal forma que se faz "porque tenho vontade", encontrando sua principal finalidade em si mesma e no puro prazer de realizá-la, acima de outras razões instrumentais ou utilitárias.

Se repassarmos e repararmos em cada uma dessas condições descritas que Csikszentmihalyi descobriu nas experiências ideais de fluxo, comprovaremos que todas elas se encontram nas experiências de lazer associadas à prática de alguma atividade sociocultural (esportes, jogo, teatro, música etc.).

Em primeiro lugar, todo projeto sociocultural ou atividade de lazer há de ser uma atividade desafiante, quer dizer, há de pôr à prova nossas habilidades para que seja motivadora e mobilize seus destinatários. Depois da motivação inicial, a manutenção sustentada desse envolvimento e, portanto, da continuidade do projeto, só se conseguirá se os participantes perceberem de forma clara um objetivo e as regras do jogo para consegui-lo. A consecução desse objetivo deve ter uma certa dificuldade para ser percebida como um desafio atraente, sem ser tão fácil que gere tédio, nem tão difícil que gere desânimo ou excessiva ansiedade.

---

[23] Mihaly Csikszentmihalyi, *op. cit.*

Além disso, a prática sociocultural escolhida e desejada gera concentração duradoura, de tal maneira que se chega a conseguir, em seu desenvolvimento, uma autêntica fusão do sujeito com o meio. Um exemplo desse estado é o ensimesmamento que consegue uma criança quando está brincando ou um adulto quando está completamente absorto numa atividade lúdica ou cultural que lhe absorva (ler, representar, praticar esporte, tocar um instrumento, relacionar-se com o outro). Esse ensimesmamento na tarefa realizada chega a produzir um sentimento de profunda satisfação quando quem o experimenta percebe uma sensação de controle daquilo que está fazendo (comparado com o sentimento de frustração de que se padece quando sucede o contrário). Uma satisfação que pode fazer intenso o instante vivido, alterando desse modo a percepção psicológica do tempo, acelerando-o ou retardando-o, segundo as circunstâncias, tal como expressam magistralmente as palavras do Fausto, de Goethe: "Detém-te, instante, tu és muito belo". Isso nos leva a concluir que:

> *A animação sociocultural, efetivamente, contribui para a melhoria da qualidade de vida, à medida que é capaz de envolver a população em projetos escolhidos e desejados, geradores de ótimas experiências.*

Embora o aproveitamento do lazer e a conquista desse tipo de experiência seja possível a partir de uma perspectiva individual e subjetiva (o lazer como vivência ou vivência pessoal do lazer a que aludi anteriormente, com exemplos como o cultivo de interesses pessoais ou de *hobbies*), nós o abordaremos a partir de um enfoque social, concentrando-nos na dimensão grupal e comunitária do lazer, de forma coerente com a temática deste livro. Para isso, o modelo de intervenção mais enriquecedor e integral é o que traz a ASC, por ser uma metodologia participativa, grupal, ativa e criativa, que permite trabalhar a dimensão social e grupal do lazer, integrando-o e adaptando-o ao contexto e às características do ambiente.

A partir daqui, definiremos a ASC como uma metodologia para o desenvolvimento da participação social e cultural que, em nosso caso, aplicaremos dentro do tempo livre como um dos possíveis âmbitos de intervenção daquela.

Desse modo, podemos concluir dizendo que a recreação, enquanto lazer, traz para o tempo livre uma finalidade positiva – prazer, desenvolvimento, descanso –, ao passo que a animação propõe um meio ou caminho para consegui-la: a participação social ou comunitária. Isso quer dizer que pode haver outros caminhos – e de fato há – para desenvolver programas de lazer ou de recreação, por exemplo, mais centrados na oferta de atividades de tempo livre do que na atenção à demanda, mais interessados no fomento de um lazer consumista e receptivo do que numa recreação ativa e criativa, impulsionados por um lazer mais comercial do que socioeducativo, ou por um enfoque exclusivamente recreativo e individual, em vez de sociocomunitário. De todos esses possíveis enfoques do tempo livre, a contribuição da ASC para o lazer é dupla, já que lhe outorga uma *metodologia participativa* para realizá-lo e um *contexto grupal e sociocultural* para além de enfoques individuais e evasivos ao desenvolvê-lo.

1.5. EDUCAÇÃO NÃO FORMAL

O conceito de educação não formal nasce, a partir dos anos 1970, da constatação do desdobramento dos limites espaço-temporais que sofre a educação tradicional ante as novas necessidades formativas exigidas por uma sociedade em constante transformação e desenvolvimento[24]. Esse desdobramento levará à necessidade de considerar outros âmbitos educativos além dos formais e, com isso, à necessidade de encontrar novos métodos didáticos e motivacionais adequados a esses novos espaços educativos.

Com a finalidade de agrupar os novos âmbitos educativos não convencionais surgidos a partir da constatação dos limites da educação não formal, criou-se uma classificação que, embora suas limitações tenham sido constatadas, já é clássica[25] e divide a educação em três setores: o formal, o não formal e o informal.

Cada uma dessas categorias educativas, por sua vez, integra uma série de âmbitos ou espaços educativos mais específicos. Concretamente, dentro dos espaços educativos incluídos na educação não formal está o do lazer (e seu tratamento educativo através da chamada pedagogia do lazer), delimitado por sua vez dentro do conceito mais genérico de tempo livre e ambos, por sua vez, formam parte do conceito de animação sociocultural, cuja posição ultrapassa o âmbito da educação não formal até situá-lo no contexto mais amplo da educação permanente[26], transcendendo também a noção de âmbito educativo até chegar à de "eixo transversal que afeta a todos eles"[27].

---

[24] Edgar Faure, *Aprender a ser*, Madri: Alianza Universidad-Unesco, 1973. Philip Hall Coombs, *La crisis mundial de la educación: perspectivas actuales*, Madri: Santillana, 1985. Victor J. Ventosa, *Ámbitos, equipamientos y recursos de intervención socioeducativa*, Madri: Editorial CCS, 2011.

[25] Philip Hall Coombs e Manzoor Ahmed, *La lucha contra la pobreza rural: el aporte de la educación no formal*, Madri: Técnos, 1975.

[26] John Alexander Simpson, "Animation socioculturelle et education permanent", em Conseil de L'europe, *Animation socioculturelle*, Estrasburgo: CE, 1978. Victor J. Ventosa, *Fuentes de la animación sociocultural en Europa*, Madri: Editorial CCS, 2002, pp. 106-14.

[27] Jaume Sarramona, Gonzalo Vázquez e Antoni J. Colom, *Educación no formal*, Barcelona: Ariel, 1998, pp. 151-2.

Desse modo, podemos concluir que a ASC é uma disciplina (ou melhor, um sistema disciplinar) de caráter transversal – dada a sua natureza procedimental mais do que objetal e topológica – que carrega uma metodologia específica (baseada nos métodos ativo, participativo, grupal, lúdico e criativo), capaz de desencadear experiências ótimas, que trazem complexidade à consciência e ao significado da vida humana, aplicável, geralmente (embora não de maneira exclusiva), à maior parte dos espaços da educação não formal, entre os quais se sobressai o da educação no tempo livre (de que se ocupa a pedagogia do lazer), mais conhecido na América Latina com o nome de recreação.

Em síntese, a missão da ASC é a de ensinar a controlar a consciência, mediante o desenvolvimento de projetos entendidos como *conjunto de ações decididas pelos próprios interessados, que dão forma e sentido à vida humana*, conseguindo, assim, a melhoria da qualidade de vida.

Não em vão, as últimas contribuições da neurociência e da psicologia (especialmente a social e a chamada positiva) confirmam a estreita relação existente entre o jogo, o lazer e a alegria, até o ponto em que hoje sabemos que os mecanismos neuronais ativados com o jogo são os mesmos que se põem em marcha quando uma pessoa está alegre[28]. E essa vinculação nos dá condições para poder afirmar que uma boa pedagogia do lazer, desenvolvida por meio da metodologia da ASC, é a melhor impressora de pessoalidades autotélicas, as mais capazes de se encaminhar ao objetivo de uma *vida boa*, plenamente feliz, abandonando o eu e fundindo-se com o ELE e o OUTRO. Desse modo, podemos afirmar que a ASC é um processo gerador de *estruturas dissipativas* (conceito tomado por Csikszentmihalyi dos estudos de termodinâmica que deram o Prêmio Nobel de Física a I. Prigogine), entendidas como processos capazes de criar ordem a partir do caos, através da arte, do jogo, da cultura e da relação com o outro. Em definitivo, os programas de ASC são autênticos antídotos contra o caos existencial, a anomia social e a ausência de sentido que afeta cada vez mais a vida humana em uma sociedade cada vez mais complexa e, portanto, necessitada de iluminação, sentido e consciência social.

A ASC pretende conseguir *anima* (sentido), através do *animus* (a mobilização ou participação social), envolvendo as pessoas e os grupos humanos em projetos ilusionísticos, percebidos como provocações ou desafios com suficiente dificuldade e atrativo para que sejam capazes de mobilizar vontades e desenvolver habilidades que as levem a se relacionar, à fusão com o ambiente e ao compromisso com seus semelhantes para transformar a realidade e melhorar o mundo a que pertencem.

---

[28] Jean-Didier Vicent, *Viaje extraordinario al centro del cerebro*, Barcelona: Anagrama, 2009, p. 189. Edição brasileira: *Viagem extraordinária ao centro do cérebro*, Rio de Janeiro: Rocco, 2010.

A educação para o lazer, com o enfoque participativo, convivial e social que traz a ASC, é capaz de chegar a forjar *personalidades autotélicas*, indiferentes ao eu ou, ao menos, vacinadas contra o individualismo, por força de centrar-se na relação com o ele/o outro. A ASC, por fim, propõe-se a conseguir *anima* (sentido, significado, consciência) através de *animus*, quer dizer, através da relação e da fusão com o outro (o próximo, grupo, comunidade) e o outro (ambiente), transcendendo, desse modo, seu próprio eu.

Mas esse caminho não é fácil e requer o impulso e a orientação do animador sociocultural, que, por sua vez, necessita de algo mais do que sua boa vontade para poder exercer seu papel.

Por isso, nos próximos capítulos, me dedicarei a descrever e tratar de estabelecer as bases para uma didática da participação que tenha na animação sociocultural sua referência principal.

2. A ANIMAÇÃO SOCIOCULTURAL COMO DIDÁTICA DA PARTICIPAÇÃO: UM NOVO ENFOQUE

A animação sociocultural nasceu em inícios da segunda metade do século XX, num contexto histórico traumatizado pelas recém-terminadas grandes guerras mundiais, vinculada ao reconhecimento da política cultural por parte dos organismos internacionais e governos que nela viam o meio adequado para conseguir unir e democratizar os povos através da participação na cultura.

A ASC nasce, por isso, para dar resposta a essa exigência inicial de democratização cultural que, por sua vez, deu lugar a uma crescente descentralização da cultura para poder aproximá-la das pessoas como primeiro passo para possibilitar sua apropriação definitiva sob os ditames da democracia cultural[1].

Por isso, é algo constatado e aceito que a ASC nasce como meio para conseguir os objetivos da democracia cultural, uma política cultural que pretende levar às últimas consequências os princípios da democracia aplicados ao âmbito sociocultural. Esses princípios são dirigidos, como afirma lucidamente John Dewey, para "liberar as capacidades dos indivíduos"[2].

Nesse sentido, a ASC, desde as suas origens, nasce com o propósito de ensinar a viver em comunidade, compartilhando projetos socioculturais libertadores das capacidades de seus membros.

Portanto, as coordenadas da ASC estão delimitadas por três conceitos-chave, *democracia, cultura e educação* que, unidos, definem com clareza a finalidade da ASC: *educar para a democracia, através da prática cultural.* Por isso, definiremos a

---

[1] Victor J. Ventosa e Rafael Marset, *Integración de personas con disminución psíquica en el tiempo libre*, Madri: Editorial CCS, 2000.

[2] John Dewey, *La reconstrución de la filosofía*, Buenos Aires: Aguilar, 1970. Edição brasileira: *Reconstrução em filosofia*, São Paulo: Ícone, 2011.

ASC como uma *didática da participação social*, cujo objeto ou finalidade consiste em *ensinar a participar, envolvendo as pessoas em projetos socioculturais de seu interesse, para liberar e desenvolver suas capacidades*. Essa definição e finalidade serão os pilares que delimitarão, portanto, nossa revisão.

Possivelmente, o pensador que mais e melhor analisou as relações entre os três conceitos citados foi Dewey. Por isso, será uma de minhas referências na hora de fundamentar essa revisão teórica da ASC, junto com Richard Rorty, recuperador e atualizador de seu pensamento, em quem me apoiarei para ressaltar a dimensão pragmática que tem a ASC como prática social que é. Esse autor relembra Hegel ao afirmar que se conhecem os conceitos como se conhecem as pessoas: através de sua história, descobrindo sua biografia. Esse é outro dos postulados em que assentarei minha revisão da ASC, dado que ela tem uma natureza procedimental e histórica (como afirmei reiteradamente em ocasiões anteriores, não é um "quê", e sim um "como"), o que significa que é algo que não se pode hipostasiar, a não ser aplicando-a a um contexto necessariamente histórico e determinado.

O caráter procedimental, contextual e histórico da ASC nos porá diante de um dos problemas mais sutis da história da filosofia, proposto inicialmente pelos pré-socráticos. Refiro-me a tentar compreender o que permanece e o que muda nos conceitos, em nosso caso na ASC. Para chegar a distinguir uma e outra coisa de maneira útil e convincente, devemos nos ater não tanto aos discursos retóricos, desiderativos e idealistas que têm circulado ao longo do tempo sobre a ASC – a maior parte dramaticamente afastada da prática cotidiana –, e sim às experiências que têm se desenvolvido sob tal denominação.

Desse modo, poderemos comprovar quais têm sido as constantes e quais as variantes das práticas de ASC ao longo de mais de meio século de sua existência, com propósito de descobrir esse *mínimo denominador comum* que permaneceu constante, como fio condutor e ancoragem identitária, diferenciando-o da moldura circunstancial com que se apresentou ao longo dos diferentes contextos e conjunturas históricas.

Esse procedimento nos permitirá enfrentar a necessária reformulação e adaptação da ASC a uma nova época, a uma nova sociedade de características sensivelmente diferentes dos paradigmas assentados no século XX e que necessitam de uma revisão à luz de novas situações e contribuições filosóficas e científicas do novo milênio, com a finalidade de fazer frente a novos modelos de sociedade, caracterizados por uma crescente complexidade, que demandam respostas globais a problemas globais, fugindo, portanto, de enfoques parciais, maniqueístas e defasados.

As mudanças sociais ocorridas nos últimos anos obrigam a reformular o paradigma hegemônico sobre o qual estava baseada boa parte do discurso da ASC, desde o seu nascimento. Ditas mudanças, tal como afirma D. Wildemeersch (2012), estão transferindo os eixos de reflexão e de ação socioeducativa, fazendo-os balançar da emancipação para o empoderamento, dos direitos da coletividade para as responsabilidades dos indivíduos, da solidariedade para a autoajuda.

O procedimento que sustentará esse trabalho é de caráter intrumental, ao propor o caminho para poder enfrentar essa revisão, tomando nota das lições que podemos extrair da própria história da ASC. Uma história que caminha de mãos dadas com o avanço da democracia ao longo da segunda metade do século XX e de sua conquista mais evidente e mais ameaçada na atualidade que é o estado de bem-estar social. Esse caminho não é outro senão o *exercício do acordo* entre discursos, interesses e posturas divergentes, antagônicas e unilaterais, até chegar à *convergência* através do consenso, do pacto e da imaginação criadora e solidária (esse é o genuíno sentido que darei a outro conceito associado à ASC, como é o de "recreação") *com o fim de chegar à emergência de um novo equlíbrio integrador, em que todos saiamos ganhando, perdendo o mínimo necessário para que ele seja possível*. Um processo que poderíamos chamar *"método conversacional"* em honra de Rorty, em cuja proposta de conceber a "filosofia como política cultural"[3] me apoiarei para fundamentar essa reformulação teórica da ASC.

Desse modo, a revisão que proponho começa pelo mesmo método dialético, retroagindo para isso ao significado originário que lhe deram Heráclito e Platão, reformulado muito posteriormente por Hegel, desenvolvido por Marx e reinterpretado pelos sucessivos revisionismos marxistas até chegar à Escola de Frankfurt e a um de seus mais ilustres membros, Jürgen Habermas, de quem procedem as contribuições mais significativas ao paradigma crítico e suas aplicações socioeducativas e culturais, que vieram cimentando boa parte do discurso da ASC até agora.

Nesse sentido, a mudança metodológica que proponho não é sintática, e sim semântica, rechaçando o **conflito** como motor do progresso histórico, como sugeria o marxismo, para mudá-lo pelo conceito de **equilíbrio instável**.

Este último, um conceito mais de acordo com o estado de nosso conhecimento atual das ciências sociais e ao mesmo tempo das ciências naturais, como a biologia e a teoria evolutiva, até a física (especialmente a termodinâmica, através das decisivas contribuições de Ilyia Prigogine), passando pela aplicação das teorias do caos (Balandier) e da complexidade das ciências sociais (Morín), até

---

[3] Richard Rorty, *Filosofía como política cultural: escritos filosóficos 4*, Barcelona: Paidós, 2010. Edição brasileira: *Filosofia como política cultural*, São Paulo: Martins Fontes, 2009.

chegar às correntes do pensamento contemporâneo da epistemologia e da filosofia da ciência (M. Bunge), a analítica (Davidson), o pragmatismo (Dewey e Rorty) e o pensamento sobre a pós-modernidade (Habermas e Bauman). Essa mudança me leva a propor uma trindade conceitual nova: *divergência, convergência e emergência*, ante a velha trindade dialética da tese, antítese e síntese.

Em razão de tudo isso, penso que não podemos sugerir o caminho da emancipação por meio da agudização do conflito, e sim **mediante o exercício do diálogo orientado para o acordo**, em busca de um equilíbrio sempre instável (e, portanto, indefinidamente inconcluso, tal como advertiu Adorno em sua crítica dialética marxista) entre posturas e interesses iniciais e aparentemente opostos (divergência), mas com a vontade, a capacidade e a necessidade de chegar a um pacto (convergência), em que todos terminem ganhando, perdendo para isso o mínimo necessário numa nova reorganização da vida social (emergência).

Os sucessos históricos mais significativos e fecundos de nossa história contemporânea nos mostram como não foram fruto de lutas entre opções contrárias e irreconciliáveis, finalizadas com vencedores e vencidos, e sim da busca de equilíbrio entre posturas e interesses divergentes que, mediante o exercício do acordo e do pacto, chegam a alianças consideradas em muitos casos antinaturais. Isso é o que mostra Tony Judt em seu estudo sobre a construção do estado de bem-estar como fruto de um grande pacto entre grupos antagonistas, como o liberalismo e capitalismo, por um lado, e o socialismo, por outro[4].

Por outro lado, o recente e monumental estudo de Acemoglu e Robinson[5] nos mostra como o progresso dos povos não se consegue com sistemas totalitários, excludentes e "extrativos", mas sim mediante a criação de sistemas políticos e econômicos *inclusivos*, que permitam liberar as potencialidades de todos para que revertam em benefício de todos e não de alguns setores, classes ou castas sobre outras.

Essa capacidade do ser humano para poder chegar a consensos é possível se passarmos do que Habermas chama "razão centrada no sujeito" (a-histórica, transcendente e, por isso, só alcançável por via individual do conhecimento) para a **"razão comunicativa"**, histórica, contextual e alcançável por via comunitária, através da busca do consenso intersubjetivo[6].

---

[4] Tony Judt *apud* Danny Wildemeersch, "Animación y educación en sociedades complejas: un recorrido por las perspectivas y prácticas sicopedagógicas críticas", em *Actas del V Coloquio Internacional de Animación Sociocultural*, Saragoça: Diputación Provincial de Zaragoza, 2012, p. 36.

[5] Daron Acemoglu e James A. Robinson, *Por qué fracasan los países*, Barcelona: Deusto, 2012. Edição brasileira: *Por que as nações fracassam*, Rio de Janeiro: Elsevier, 2012.

[6] Jürgen Habermas, *El discurso filosófico de la modernidad*, Madri: Taurus, 1989. Edição brasileira: *O discurso filosófico da modernidade*, São Paulo: Martins Fontes, 2000.

Essa interessante distinção de Habermas põe as bases para se passar de uma *razão universal* inalterável no tempo, na história, para uma *razão construída socialmente* através do diálogo e do consenso, com o fim de ir resolvendo os problemas humanos que vão surgindo em cada momento histórico.

Não obstante, esse passo não termina por ser assumido com todas as suas consequências por parte de Habermas, como certamente adverte Rorty[7], a seguir defendendo a existência de uma verdade ou *argumento intrinsecamente superior aos demais*[8]. Essa fenda universalista (mantida com a intenção de salvaguardar em última instância a racionalidade postulada pelo discurso da modernidade ante a pós-modernidade) é a que fundamenta a pretendida superioridade do paradigma crítico diante dos demais e a que termina dividindo os que têm a razão (em nosso caso, os sociocríticos) dos que não a têm (os hermenêuticos, pragmáticos, analíticos, pós-modernos...). Por isso, alguns vieram a denominar as pedagogias críticas de "pedagogias da revelação", frente às novas "pedagogias pobres ou da ignorância" menos grandiosas que a primeira, embora mais consequentes com a *sociabilidade da razão*[9].

Quem levará até suas últimas consequências a distinção habermasiana será Rorty (apoiando-se, para isso, em Dewey, Isaiah Berlin e Thomas Kuhn, entre outros) ao propor a missão da filosofia e da ciência como **busca de equilíbrio** entre a necessidade de **consenso** intersubjetivo (solidamente requerida por Habermas) e a necessidade de **novidade e imaginação** (reivindicação inicialmente proposta pelo romantismo e recuperada na atualidade pelo pós-modernismo).

Por isso, a proposta de Rorty me parece mais coerente e consequente com o "discurso filosófico da modernidadee" desenvolvido por Habermas em sua obra de mesmo título. E dela me servirei para reinterpretar o discurso da ASC à luz de nosso tempo e de sua dimensão política.

Desse modo, conceberei a ASC como busca de equilíbrio entre a necessidade de diálogo e acordo intersubjetivo em torno de um projeto que há de ser finalmente consensual no grupo ou na comunidade (*animus* = pôr em relação) e a necessidade de inovação para poder "reconfigurar a ordem existente", reescrevendo-a e dotando-a de novos significados por parte de seus membros[10].

No primeiro, está o que chamo a dimensão relacional da animação ou *animus* como mobilização e ato de pôr em relação as pessoas na busca de um projeto

---

[7] Richard Rorty, *op. cit.*

[8] *Ibidem*, p. 153.

[9] Danny Wildemeersch, *op. cit.*

[10] *Ibidem*, p. 49.

empolgante. No segundo, temos a outra grande dimensão da animação, sua *anima* centrada na busca de sentido ou significado.

Nos anos 1980, fundamentei a ASC com base em duas grandes dimensões extraídas de uma análise linguística, histórica e comparada de suas origens:

> A dimensão **transcendente**, identificada com sua raiz etimológica *anima* (dar vida, sentido ou significado) e derivada de suas origens filosóficas inspiradas na corrente pessoalista do humanismo cristão de Lacroix e Mounier.

> A dimensão **imanente**, identificada com sua outra raiz etimológica *animus* (dinamizar, pôr em relação) e inspirada na outra grande fonte de inspiração da ASC, isto é, a corrente do chamado "marxismo quente", solidamente construída por Ernst Bloch com seu *O princípio esperança* (1980) e divulgada posteriormente por pensadores como Roger Garaudy.

Desde a primeira formulação dessa tese, passou-se mais de um quarto de século e, desde então, muitas coisas aconteceram; o mundo, a sociedade, a ciência e o pensamento evoluíram significativamente. À secularização inicial da religião, consumada no século XVIII com o Iluminismo, sucedeu a posterior secularização da cultura do fim do século XIX – especialmente com os três filósofos da suspeita: Marx, Nietzsche e Freud – até culminar na secularização da mesma ciência no século XX – a partir de publicações como *A estrutura das revoluções científicas*, de T. Kuhn[11].

Com o término do século XX, assistimos ao final dos "grandes relatos", ao "fim das certezas", como sugere Ilya Prigogine em sua obra homônima[12] sobre a realidade, e agora estamos aprendendo a conviver com a incerteza, dispondo somente de "microrrelatos" parciais e fragmentários para podermos enfrentá-la.

Por tudo isso, a ASC há que se adaptar e evoluir conforme as exigências históricas, tomando a forma e os discursos que o contexto e a situação de cada momento requeiram. No entanto, creio que o conteúdo básico de minha tese continua tão vigente, ou mais, do que quando a enunciei. Na base de qualquer processo de animação atual permanece sua dupla dimensão transcendente (*anima* = sentido) e imanente (*animus* = relação). É necessário apenas mudar o papel do animador no que diz respeito à maneira de entender essas duas dimensões.

---

[11] Thomas Samuel Kuhn, *La estructura de las revoluciones científicas*, Cidade do México: Fondo de Cultura Econômica, 1971. Edição brasileira: *A estrutura das revoluções científicas*, São Paulo: Perspectiva, 2013.

[12] Ilya Prigogine, *El fin de las certidumbres*, Madri: Taurus, 2001. Edição brasileira: *O fim das certezas*, São Paulo: Editora Unesp, 2011.

Desse modo, o animador deve passar de "pastor da verdade" (cuja missão é conduzir o grupo, ignorante do caminho, em direção à meta) a um "*cultivador de significados*", deixando claro que o sentido não se descobre nem se revela como algo acabado, e sim como *algo a ser construído com os demais*, tal como anuncia Gilles Deleuze quando afirma que "o sentido não é nunca princípio nem origem, é produto. Não está por descobrir nem restaurar nem substituir; está por ser produzido com novas maquinarias"[13]. Mas, para isso, não creio que se deva renunciar à transcendência, tal como também proclama esse autor. Tem-se apenas que ressituá-la, pondo-a no final, não no princípio do processo como o fez a tradição dogmática e metafísica. Isso significa que, como disse Paulo Freire[14], à transcendência só se pode chegar através da imanência e, portanto, nesse percurso, todos – animador e grupo – somos ignorantes do resultado até que este chegue.

A transcendência, desse modo, se situa nessa tensão e nesse chamado esperançoso que o futuro exerce sobre o presente, nesse "já, mas ainda não" que faz convergir a melhor tradição utópica do marxismo quente de *O princípio esperança* com a mais pura tradição escatológica judaico-cristã[15].

Não em vão, esse sentido é o que, segundo algumas interpretações a respeito, parece que tem o significado original aramaico do nome que utiliza Deus para referir-se a si próprio nos textos bíblicos: Yahveh ou Jehová: "*Eu sou o que serei*" (Exodus, 3:14).

2.1. DO ANIMADOR ILUMINADO AO ANIMADOR ILUMINADOR

Um dos argumentos que nos vêm muito a propósito para aprofundar essa revisão do paradigma crítico como fundamento teórico da educação e da animação sociocultural foi inicialmente abordado por Jacques Rancière em sua obra *O mestre ignorante* (2002)[16], a partir do princípio da "igualdade de inteligência" entre todos os humanos enunciado por J. Jacotot, e em seu trabalho *O espectador emancipado* (2010)[17].

O discurso crítico, baseado na necessidade de lutar pela emancipação do ser humano, resgata a visão marxista do intelectual como "pastor da verdade", que há de resgatar o rebanho ignorante (o povo) da alienação na qual se encontra, submerso na

---

[13] Gilles Deleuze, *Lógica del sentido*, Barcelona: Paidós, 1989.

[14] Em sua última visita à Universidade de Salamanca, em novembro de 1984, a que tive a sorte de assistir.

[15] Ernst Bloch, *El princípio esperanza*, Madri: Aguilar, 1980. Edição brasileira: *O princípio esperança*, Rio de Janeiro: Contraponto, 2005.

[16] Jacques Rancière, *El maestro ignorante*, Barcelona: Alertes, 2002. Edição brasileira: *O mestre ignorante*, São Paulo: Autêntica, 2013.

[17] Idem, *El espectador emancipado*, València: Ellago, 2010. Edição brasileira: *O espectador emancipado*, São Paulo: WMF Martins Fontes, 2012.

"falsa consciência", para conduzir-lhe à senda da verdade. Em nosso caso, essa missão se traslada para o educador e de maneira mais acentuada para o animador, como último reduto não formal dessa luta, uma vez perdida a batalha formal nas aulas, posta em evidência pelas análises de C. Lerena (1984) a partir das teorias de Foucault.

Em definitivo, essa visão emancipadora do animador como agente crítico e desmascarador da situação alienante em que vive submersa a comunidade forma parte do ideário de todo animador que tenha autoestima e, com certeza, constitui um tópico da maior parte dos pronunciamentos que se vem fazendo de maneira reiterada ao longo dos anos em publicações, conferências e congressos sobre o perfil e as funções do animador sociocultural.

No entanto, essa pretensão reveladora da missão do animador, posta recentemente em evidência por Dirk Wildemeersch no V Colóquio Internacional de ASC (Saragoça, 2012), trata com pouco respeito o destinatário, ao considerá-lo um sujeito manipulado, passivo, enganado e incapaz de sair por si mesmo de sua ignorância. Essa visão iluminista e militante do animador esconde um tratamento sem consideração e paternalista das pessoas, fruto de correntes ideológicas e pedagógicas críticas, pensadas em e para contextos caracterizados por sociedades não democráticas e com altos índices de analfabetismo, e não corresponde aos tipos de sociedade atuais que nos cercam, democráticas, complexas e majoritariamente alfabetizadas. Nelas subjaz o pressuposto mais ou menos oculto da "desigualdade da inteligência"[18], que divide a sociedade entre iluminados e embrutecidos, lúcidos e manipulados, outorgando às elites esclarecidas a missão de emancipar o povo, tirando-o da ignorância.

Penso que esse pressuposto ideológico seja duplamente danoso, pois sob um discurso teórico pretensamente libertador e progressista, na prática se atua com uma atitude prepotente e hierárquica profundamente antidemocrática, tal como adverte Wildemeersch, parafraseando Rancière em sua crítica aos que até agora defendiam a conversão do espectador passivo e manipulado em um agente ativo[19].

Aplicando essa crítica à ASC, comprovamos como a concepção paternalista da democratização da cultura, que teoricamente acreditávamos superada desde os anos 1980 pela democracia cultural, na prática continua vigente. E, no entanto, a figura do animador sociocultural como gerador de espaços de encontro, onde cada um possa eleger livremente seu projeto sociocultural, como um provocador de contextos geradores de novas formas de ver o mundo e de comprometer-se com ele de maneira criativa e inovadora, continua sendo algo pendente, não solucionado.

---

[18] Danny Wildemeersch, *op. cit.*

[19] *Ibidem*, p. 45.

Sob o enfoque crítico do que Wildemeersch chama "pedagogia da revelação" (o que no fundo, advirtamos, não é senão uma translação secularizada do conceito teológico de "revelação" para o mundo da cultura), o que em realidade se preconiza por detrás de uma pretendida ASC crítica e libertadora são animadores iluminados e sábios que guiem o grupo até a verdade, desmascarando a falsa consciência de seus membros e liberando-os de sua alienação.

Ante esse tipo de animador *cultivado*, o que pressupõe a existência de uma compreensão da realidade superior às demais, proponho o *animador cultivador* que – baseando-se no princípio socrático de que todos chegam a ser inteligentes se são tratados como tais – não impõe fins, mas os faz possíveis[20] com sua vocação *heurística*, sua inteligência *estratégica* e sua vontade *hermenêutica*. Um animador consciente de que não há caminho – como nos deixou escrito A. Machado – "e sim estrelas no mar", sabedor de que, como nos mostrou de maneira clarividente Hans-Georg Gadamer, compreender é interpretar e, portanto, "a interpretação é a forma explícita da compreensão"[21].

Por fim, e para ir recapitulando o que foi dito, minha revisão da ASC passa por ressituar radicalmente suas duas dimensões fundamentais, invertendo o lugar que ocupam e o papel que exerceram até agora dentro do processo de animação:

> *A transcendente ou cultivadora de fins e de sentido* (anima) *não está no princípio, e sim no final* do processo de animação. Dito de outro modo, o sentido é o resultado emergente da convergência comunitária (projeto sociocultural), a partir das divergências iniciais (propostas e interesses).

> *A imanente ou mobilizadora de meios e capacidades* (animus) *não está no final, e sim no princípio* do citado processo. Desse modo, a capacidade emancipatória de todos os envolvidos (animador e grupo) é a mesma desde o início do processo de animação, garantindo com isso a igualdade de origem e o respeito democrático de todo o processo.

2.2. CRÍTICA DA TEORIA CRÍTICA

O que foi dito até o momento põe em evidência uma série de falácias nas quais, ainda que de maneira sucinta, é necessário que nos detenhamos. Para isso, tentarei aplicar ao paradigma crítico o mesmo remédio que esse aplica aos demais, seguindo

---

[20] Victor J. Ventosa, *Fuentes de la animación sociocultural en Europa*, Madri: Editorial CCS, 2002.

[21] Hans-Georg Gadamer, *Verdad y método*, Salamanca: Sígueme, 1977, p. 378. Edição brasileira: *Verdade e método*, Petrópolis: Vozes, 2015 (vol. 1) e 2009 (vol. 2).

assim a máxima de Lacan quando afirma que a melhor maneira de exercer a crítica sobre qualquer texto é aplicar a ele o método crítico que este preconiza[22].

Conforme se diz, o enfoque crítico que fundamenta boa parte do discurso da ASC se baseia no pressuposto de que as últimas contribuições do conhecimento atual, desde a filosofia analítica anglo-saxã até as correntes da pós-modernidade e da *modernidade líquida* de Bauman[23], passando pelo pragmatismo norte-americano lucidamente atualizado por Rorty[24], foram postas em quarentena. Trata-se da argumentação de que existe uma verdade única, objetiva e permanente, independentemente da história e da cultura, que deve ser revelada ante a ilusão, a manipulação ou os interesses opressores que a ocultam.

Essa suposição não só está sendo posta em dúvida por evidências de diversos campos do conhecimento, mas, além disso, na constatação empírica de nosso devir histórico comprovamos que consegue o efeito contrário que supostamente persegue – a emancipação humana – ao seguir reproduzindo a desigualdade do sistema entre inteligentes e iluminados, ignorantes ou manipulados.

Vivemos em um mundo complexo cujos mecanismos estão escapando ao controle não só dos poderes políticos, como também dos fáticos, e cuja compreensão há tempo escapou da capacidade explicativa de uma só cosmovisão não apenas filosófica, como também científica[25].

A desembocadura desse rio de progressiva complexidade é sua afluência para um mar de incertezas em que, por isso, não pode haver ocultação de uma verdade que não existe como tal nem tampouco poderá haver pessoas capazes e incapazes de vê-la ou descobri-la.

Daqui por diante, só podemos aspirar a participar no jogo aberto, criativo, dialogante e comunitário das interpretações da realidade que nos rodeia e que continuamente criamos e recriamos.

Mas essa incerteza, longe de nos submeter ao derrotismo e ao pessimismo, é, como acertadamente aponta Zygmunt Bauman[26], o que nos abre a esperança, dado que a busca humana por essa identidade escorregadia nos faz cada vez mais dependentes do outro, de quem necessitamos para construir a felicidade

---

[22] Manuel Cruz, *Filosofía contemporánea*, Madri: Taurus, 2002, p. 367.

[23] Zygmunt Bauman, *La cultura como praxis*, Barcelona: Paidós, 2002a; Zygmunt Baumann e Keith Tester, *La ambivalencia de la modernidade y otras conversaciones*, Barcelona: Paidós, 2002b.

[24] Richard Rorty, *op. cit.*

[25] Thomas Kuhn, *op. cit.*; Ilya Prigogine, *op. cit.*; Edgar Morin, *Introdución al pensamiento complejo*, Barcelona: Gedisa, 1998 (edição brasileira: *Introdução ao pensamento complexo*, Porto Alegre: Sulina, 2015).

[26] Zygmunt Bauman, *Modernidad líquida*, Buenos Aires: Fondo de Cultura Económica, 1999. Edição brasileira: *Modernidade líquida*, Rio de Janeiro: Zahar, 2001.

individual por meio do bem comum. Definitivamente, necessitamos do outro para poder encontrar nossa própria identidade, porque somente nos reconhecemos no olhar do outro, como agudamente nos adverte Jean Baudrillard[27].

Para participar desse jogo recreativo de espelhos, e posto que não temos mais verdades reveladas, necessitamos saber participar da busca pelo diálogo e pelo consenso. E é aqui que a ASC adquire todo o seu sentido e atualidade como *didática da participação*. É aqui que a missão do animador adquire atualidade e importância enquanto especialista na configuração de espaços e de tempos propícios à participação e à recreação enquanto jogo gerador de propostas, acordos e projetos socioculturais compartilhados e consensuais na busca da felicidade e da melhoria da qualidade de vida da comunidade.

Por isso, a tese que manterei ao longo dessas páginas é a de que não pode haver ASC sem um conhecimento de como se ensina e se aprende a participar, tal e como adverte José Antonio Caride quando afirma:

> Na verdade, servirá de muito pouco optarmos por uma animação sociocultural ética e ideologicamente comprometida, crítica e transformadora, se depois formos incapazes de entender como educam e se educam as pessoas e as comunidades e, portanto, de como se pode facilitar sua participação nas políticas e nas práticas socioculturais[28].

É que passamos mais de meio século falando do que deveria ou não deveria ser a animação sociocultural, na realidade. Durante todo esse tempo, temos assistido impassíveis a uma cerimônia esquizofrênica em que discorreram, de maneira paralela e completamente dissociados, por um lado o discurso grandiloquente, retórico e desejante da animação, proclamado reiterada e repetitivamente em congressos, seminários e publicações; enquanto que, nas ruas, a prática cotidiana dos animadores e animadoras desenvolve uma ASC muito mais modesta, mas real no final das contas.

Creio que a única maneira de consolidar a ASC e fazê-la avançar é aproximando seu discurso teórico da realidade de sua prática, para que aquele ganhe credibilidade e esta consiga renovar-se e se reforçar.

Houve um tempo em que, no mundo da ASC, só existiam os que "faziam, mas não sabiam de animação". Era a época (anos 1970-80) dos "intercâmbios de experiências", foros de animação sociocultural a que se ia basicamente para

---

[27] Jean Baudrillard, *El otro por sí mismo*, Barcelona: Anagrama, 1997.

[28] José Antonio Caride, "Por una animación democrática en una democracia animada: sobre los viejos y nuevos retos de la animación sociocultural como una práctica participativa", em Victor J. Ventosa (coord.), *Perspectivas actuales de la animación sociocultural*, Madri: Editorial CCS, 2006, p. 328.

"contar as batalhas". Com a conversão da animação sociocultural em disciplina acadêmica e sua entrada nas universidades e institutos, entraram em cena os que "sabiam de animação, mas não a faziam" (anos 1990). E hoje assisto atônito a muitos congressos internacionais sobre o tema, onde saem palestrando sem rubor algum que "nem sabem nem fazem", amparados nessa estranha convicção de que a animação sociocultural é como o futebol: todo mundo pode opinar, ainda que não tenha dela qualquer ideia. Por isso, creio ter chegado o momento de constituir uma aliança integradora entre os que fazem e os que sabem, para expulsar dos foros da animação os que não fazem nem uma coisa nem outra, salvo desacreditá-la.

Isso não é possível de ser obtido sem uma revisão a fundo de nossa disciplina e dos fundamentos e pressupostos sobre os quais foi assentada até agora. Nesse sentido, a crítica ao paradigma crítico se torna imprescindível, não só por que permanece na base de boa parte do discurso fundamentador da ASC, mas também por um mínimo de coerência, já que, como certeiramente aponta Wildemeersch e reconhece Caride, citando Pedro Demo, "a coerência da crítica está na autocrítica", o que converte a luta pela emancipação num processo indefinidamente inacabado e com permanente data de validade[29]. No entanto, nenhum desses autores leva às últimas consequências seus argumentos que, deixados à sua própria dinâmica recorrente, chegariam a invalidar-se a si mesmos, incapacitando-se com isso para a própria ação emancipadora, ao nunca passar da fase prévia de análise ou crítica da realidade que se quer transformar. Por fim, semelhante processo emancipatório lembra o que se passava com o "asno de Buridán", que terminou morrendo de fome, incapaz de decidir-se por qual dos montes de feno começar.

Desse modo, o paradigma crítico corre o risco de se converter em um álibi para fugir do rigor, do contraste da verificação e das alternativas e propostas concretas para responder e tentar solucionar os problemas analisados. Esse subterfúgio tinha funcionado ao longo dos anos, desde os primórdios da animação, quando esta não estava suficientemente consolidada nem acadêmica nem profissionalmente.

Durante todo esse tempo, esse vazio formal da animação tem sido ocupado com discursos retóricos e recorrentes aos mesmos tópicos e adaptáveis a todo tipo de tema e circunstância, como se a ASC fora uma vaga enteléquia aplicável a tudo e solução para tudo, qual "bálsamo de Ferrabrás"[30] ou poção mágica,

---

[29] Pedro Demo, *Complexidade e aprendizagem: a dinâmica não linear do conhecimento*, São Paulo: Atlas, 2002.

[30] Bálsamo capaz de curar todas as doenças, mencionado nas lendas carolíngias, e que Sancho aplica em Dom Quixote (cap. XVII). Edição brasileira: *O engenhoso fidalgo D. Quixote de La Mancha I e II*, São Paulo: Editora 34, 2002 e 2007.

reduto e trincheira de última instância de ideologias obsoletas e fracassadas historicamente. Enquanto se esquecia de que, embora a animação tenha uma clara dimensão política, não é política; ainda que compartilhe valores de diferentes ideologias, não é uma ideologia.

Parafraseando Rancière em sua alusão à arte, podemos transladar seu argumento para nosso âmbito, afirmando que a política da ASC nada tem a ver com as preferências políticas dos animadores[31]. Em um mundo tão complexo como o nosso, onde nem sequer a política consegue transformar a realidade, como podemos esperar que a ASC consiga?

Portanto, a primeira revisão de que necessita a animação é para recolocá-la em seus justos limites e possibilidades, evitando, com isso, esse superdimensionamento, essa sobrecarga de pedidos por que tem passado, sofrendo um processo inflacionário que Ezequiel Ander-Egg já denominou no século XX "pananimacionismo"[32].

Com a perspectiva histórica que nos oferece mais de meio século de vida e de andanças da animação, podemos afirmar que onde realmente ela funciona melhor é em distâncias curtas. A prática da animação de todos esses anos nos mostra como esse modelo de intervenção sociocultural, por estar baseado em relações grupais e interpessoais, manifesta suas virtudes no âmbito do *microssocial* e vai decrescendo em eficácia, à medida que sua área de intervenção se amplia acima do "número Dunbar", que é o máximo de pessoas – em torno de 150 – com as que nosso cérebro pode relacionar-se de uma maneira próxima e direta, tal como mostram as recentes investigações de Robin Dunbar. A partir desse número, as organizações têm que criar hierarquias e subestruturas, contribuindo para gerar uma crescente burocracia, que dificulta o funcionamento e o alcance da animação, centrada no trabalho grupal e nas relações interpessoais de seus membros.

Portanto, uma das características que defenderemos como específicas da ASC é seu alcance limitado ao microssocial, definindo-a como uma metodologia grupal de proximidade, diferente de outros modelos de intervenção social de maior alcance vinculados ao desenvolvimento comunitário ou a campanhas e planos de educação popular e de adultos, com que, tradicionalmente, tem se relacionado a animação.

---

[31] Jacques Rancière, *op. cit.*, 2010.

[32] Ezequiel Ander-Egg, *La animación y los animadores*, Madri: Narcea, 1989.

2.3. REFORMULAÇÕES PARA UMA NOVA ÉPOCA

Para tentar superar os limites comentados no momento de oferecer um fundamento teórico à animação, temos de retomar alguns dos pressupostos que venho definindo em páginas anteriores, a partir do estado de nosso conhecimento, os traços de nossa sociedade atual e as características específicas da ASC.

Para tanto, me servirei, ademais, das contribuições de algumas correntes atuais de pensamento e de autores aludidos, tais como Edgard Morin e suas colaborações ao paradigma da complexidade[33], Bauman e suas análises sobre a modernidade líquida e a pós-modernidade[34], Rancière e sua análise das limitações do paradigma crítico e de seus tópicos aplicados à arte e à educação[35], Rorty e sua visão pragmática da cultura e da filosofia como política cultural[36], Habermas e sua teoria da ação comunicativa[37], assim como outros pensadores mais clássicos, inspiradores dos anteriores, como Dewey[38], Bloch[39] ou Hans-Georg Gadamer[40].

O ponto de partida de minha proposta se situa na intenção rortyana de superar a disjuntiva resumida por Habermas em *O discurso filosófico da modernidade*[41] para explicar a dialética que acompanha os dois últimos séculos de pensamento filosófico[42] entre:

> *O racionalismo universalista*, herdeiro da mais clássica tradição do pensamento ocidental (desde Platão até Russel e Nagel, passando por Kant), que pressupõe a existência de uma verdade transcendental ou raciocínio universal superior aos demais, reformulado e atualizado por Habermas, seu mais relevante defensor atual.

E a outra margem de pensamento;

> *O relativismo subjetivista ou irracionalismo*, herdeiro do romantismo, desde Friedrich Schiller (que diz que os ideais – com o mesmo sentido que posterior-

---

[33] Edgar Morin, *op. cit.*, 1998.
[34] Zygmunt Bauman, *op. cit.*, 1999, 2002a, 2002b.
[35] Jacques Rancière, *op. cit.*, 2002 e 2010.
[36] Richard Rorty, *op. cit.*
[37] Jürgen Habermas, *Teoría de la acción comunicativa II*, Madri: Taurus, 1988; *op. cit.*, 1989.
[38] John Dewey, *El hombre y sus problemas*, Buenos Aires: Paidós, 1952.
[39] Ernest Bloch, *op. cit.*
[40] Hans-Georg Gadamer, *op. cit.*
[41] Jürgen Habermas, *op. cit.*, 1989.
[42] Richard Rorty, *op. cit.*

mente falará Lacan – não se descobrem, é preciso inventá-los) até o atual pensamento pós-moderno, passando por Heidegger e Bergson, de onde se proclama o relativismo epistemológico e a existência de outras vias alternativas à razão para aceder o conhecimento, entendido como pura subjetividade.

Ante essa separação, Habermas opta por um caminho intermediário, mas defende, em última instância, a racionalidade para salvar o projeto ilustrado da modernidade (ante seus companheiros de Escola – Horkheimer e Adorno –, que o dão por fracassado ou esgotado), construindo uma teoria crítica sobre ela na qual revele suas deficiências e proponha, ao mesmo tempo, sua reconstrução e atualização, com o fim de resgatar a racionalidade do subjetivismo e individualismo, sem recorrer a proposições metafísicas, identificando-a, em síntese, com a busca de um *acordo intersubjetivo*.

Para isso, Habermas necessita revisar o conceito clássico de razão e ele o faz a partir de uma valiosa distinção entre dois tipos de razão:

> *A razão centrada no sujeito*: a-histórica e imutável, de caráter transcendental e incondicional.

> *A razão comunicativa*: histórica, construída e consensual através do diálogo e da busca de consenso.

A proposta habermasiana preconiza a passagem da razão centrada no sujeito, a que se chega de maneira individual e por via intelectual sem diálogo nem discussão alguma, para a razão comunicativa consensualizado intersubjetivamente na e pela comunidade.

No entanto, Habermas outorga ao argumento surgido dessa razão comunicativa uma validade intrinsecamente superior a todos os demais argumentos, com a finalidade de salvaguardar a racionalidade propugnada pela modernidade, cujo projeto crê inacabado. Desse modo, introduz a divisão entre os que têm razão e os que não a possuem, entre os que estão na posse da verdade e os que permanecem no erro, independentemente de contextos, culturas e situações. Esse pressuposto é o que, trasladado para a educação[43] e para a arte[44], permite descobrir a maior incoerência do paradigma crítico resultante, incoerência que Wildemeersch também sublinha com relação à ASC[45].

---

[43] Jacques Rancière, *op. cit.*, 2002.

[44] *Idem*, *op. cit.*, 2010.

[45] Danny Wildemeersch, *op. cit.*

Por fim, o pressuposto de que parte Habermas, e com ele o paradigma crítico desenvolvido com base em sua teoria, é o da "desigualdade de inteligências", mediante o qual:

> Converte-se o aluno, estudante, aprendiz ou espectador em um ser pouco inteligente, ou menos inteligente, com respeito ao tema a tratar. Este passo inicial cria uma hierarquia que instala uma relação antidemocrática, que a partir de então será muito difícil de superar[46].

Esse mesmo pressuposto habermasiano é o que leva Rorty a sublinhar por isso mesmo sua incoerência, ao defender, por sua vez, o caráter social da razão e a existência de uma verdade universal superior às demais. Algo que, sob todos os pontos de vista, é contraditório.

Nesse sentido, e mais uma vez, a Teoria Crítica não leva até as últimas consequências seus próprios argumentos, dado que o reconhecimento da sociabilidade da razão conduz, em última instância, a ter que reconhecer seu caráter histórico e, portanto, relativo e contextual.

Para superar essa contradição, Rancière propõe a atribuição da "igualdade de inteligência" a todos os seres humanos, não se referindo, bem entendido, à noção quantitativa de inteligência (equivalente a saber muito), e sim ao seu sentido qualitativo mais profundo, equivalente à capacidade poética de *tradução e interpretação da realidade*, tal como, muito oportunamente, esclarece Wildemeersch[47]. Dessa perspectiva, de fato todos os seres humanos são igualmente inteligentes enquanto capazes de interpretar e reinterpretar a vida que lhes toca. Com isso, o paradigma interpretativo ou hermenêutico, com seu principal sustentáculo, Gadamer à frente, adquire protagonismo de maneira implícita nas proposições de Rancière e Wildemeersch quando vêm a afirmar que:

> A igualdade não é o produto final do processo. [...] Todos os atores são, num primeiro momento, capazes de envolver-se de forma racional, de um modo ou de outro, com o que se apresenta em classe ou a respeito do cenário. Todos eles são tradutores em potencial, que traduzem uns signos em outros. Que criam vínculos entre o que veem, o que escutam e o que se está fazendo. [...] Por um lado, não existe uma "teoria" que explique as coisas e, por outro lado, não existe prática que se aprenda mediante lições teóricas[48].

---

[46] Danny Wildemeersch, *op. cit.*, p. 45.

[47] *Ibidem*.

[48] *Ibidem*, p. 46.

Nesse sentido, apresenta-se a "igualdade de inteligência" como ponto de partida e não como ponto de chegada, propondo com base nisso a passagem de uma "pedagogia da revelação", própria do paradigma crítico, para uma "pedagogia pobre ou da ignorância"[49], mais concorde com o estado de conhecimento e pensamento atuais, próprio de sociedades complexas como a nossa, em que as neurociências descobriram a base emocional (e, portanto, não racional) de nossa cognição[50], de nossa inteligência social[51] e até de nosso aprendizado[52].

Para essa transição pedagógica mais centrada no vivencial e imediato do que em sofisticadas pedagogias e tecnologias, o mais importante não são os conhecimentos nem a construção de grandes relatos, e sim *um estilo e uma atitude* que criem espaços de oportunidades e contextos grupais, de onde possam emergir múltiplas vozes, interpretações insólitas e experiências ótimas, capazes de reconfigurar a ordem existente e de trazer esperança a nossas aspirações.

Pois bem, *essa atitude humilde, aberta e criativa, esse estilo participativo, indutivo e ativo que intervém na e com a comunidade, na contiguidade do próximo e que é capaz de gerar experiências ótimas, emocionalmente intensas, que recriem nosso mundo e alimentem nossa esperança através de projetos empolgantes, é o que nos oferece a animação sociocultural.*

Por isso, não se acomodam bem com a ASC (por serem muito grandes) os discursos grandiloquentes, próprios das sofisticadas pedagogias cultivadas por especialistas (inspiradas no paradigma tecnológico) nem tampouco os grandes relatos iluministas e idealistas, próprios das pedagogias críticas ou "da revelação". E sim o que está muito mais em sintonia com a "pedagogia da ignorância" de Wildemeersch ou com a "pedagogia pobre" de Tara Fenwick (citada por Wildemeersch[53]). Ambas as pedagogias, por sua vez, se fundamentam no pensamento pragmático, cujo maior e mais atual representante é Rorty, herdeiro do grande filósofo e pedagogo Dewey, a quem devemos a mais clarividente contribuição no aprofundamento da natureza ativa e experiencial da educação, assim como na contribuição decisiva ao desenvolvimento da utopia democrática, tal como o mostram estudos posteriores a respeito[54].

---

[49] *Ibidem.*

[50] Daniel Goleman, *El cerebro y la inteligencia emocional: nuevos descubrimientos*, Barcelona: Ediciones B, 2012. Edição brasileira: *O cérebro e a inteligência emocional: novos descobrimentos*, São Paulo: Objetiva, 2012.

[51] Ignacio Morgado, *Emociones e inteligencia social*, Barcelona: Ariel, 2010.

[52] Francisco Mora, *Neuroeducación*, Madri: Alianza Editorial, 2013.

[53] Danny Wildemeersch, *op. cit.*

[54] Virginia Guichot, *Democracia, ciudadanía y educación: una mirada crítica sobre la obra pedagógica de John Dewey*, Madri: Biblioteca Nueva, 2003.

Portanto, é a partir desses fios que poderemos tecer a rede teórica, conceitual e metodológica de uma ASC que responda às suas possibilidades e aos signos dos tempos.

Isso implica superar a disjunção aludida entre o racionalismo universalista propugnado pela modernidade e o irracionalismo relativista pós-moderno mediante a busca de um equilíbrio pragmático que aceite o consenso e o acordo intersubjetivo como *forma de racionalidade provisória compartilhada*, expurgando o dogma e permitindo, ao mesmo tempo, a novidade que surge do dissenso e da imaginação criadora. Com isso, nada fazemos senão transladar para o âmbito da ASC a pretensão de Rorty quando responde à dialética de Habermas entre modernidade e pós-modernidade, afirmando que:

> o discurso relativo à validade universal não é mais do que uma forma de exagerar a necessidade de um acordo intersubjetivo, enquanto a paixão e a profundidade românticas são apenas simples modos de ressaltar a necessidade de novidade, a importância de ser imaginativo. Não se deve permitir que um se eleve acima de outro, como tampouco há de aceitar-se que uma proposição exclua a sua contrária[55].

Esse equilíbrio entre consenso e novidade como alternativa ao discurso maniqueísta, baseado no conflito e na simplificação, responde perfeitamente ao equilíbrio que a ASC mantém entre sua dimensão relacional e intersubjetiva (*animus*: pôr em relação) geradora de acordos intersubjetivos e sua dimensão criadora de sentido e de significado (*anima*: dar vida ou sentido).

A partir daqui, a dimensão política da animação não estará na vontade de ressaltar, agudizar ou gerir conflitos gerados pelo enfrentamento de atribuições de verdade excludentes (perspectiva crítica centrada na divergência), e sim no compromisso de aplainá-los através da discussão, da imaginação criadora e das interpretações compartilhadas (não enfrentadas) em prol da convergência (perspectiva pragmático-hermenêutica).

Essa proposta exige revisar e redefinir as práticas socioculturais críticas e emancipadoras à luz da complexidade de nossa atual sociedade, uma época em que as cosmovisões, os grandes relatos e as verdades universais (trazidas primeiro pela teologia, depois pela filosofia e, finalmente, pela ciência) foram declinando sucessivamente ao longo da história, até chegar a uma época em que a ciência,

---

[55] Richard Rorty, *op. cit.*, pp. 156-7.

como afirma Kuhn[56], deixou de conceber sua tarefa como a resolução de um quebra-cabeça, para *ir resolvendo as anomalias e os problemas à medida que vão se apresentando*, reconhecendo humildemente, tal como nos ensina a história do pensamento e da ciência, o que também nos indica Rorty:

> Cremos que a investigação não é mais do que um sinônimo do que chamamos 'resolver problemas', e somos incapazes de imaginar que a indagação relativa ao modo como devam viver os seres humanos, ou o que devemos fazer com nossas vidas, possa ter um fim. E isso porque as soluções dos velhos problemas não podem senão gerar problemas novos, e isto indefinidamente[57].

Desse modo, e parafraseando Dewey[58], a verdade é, simples e despretensiosamente, *o melhor que se tem para crer*. As crenças se convertem em verdade quando superam o veredito social e histórico, sobrevivendo ao tempo:

> as atribuições de realidade ou de verdade não são senão outras tantas ações obsequiosas que fazemos àquelas entidades ou crenças que superaram a prova do tempo, oferecendo contraprestações e demostrando sua utilidade, ficando, desse modo, integradas nas práticas sociais aceitas[59].

2.4. DA ANIMAÇÃO POLÍTICA À POLÍTICA DA ANIMAÇÃO

A partir do que foi dito anteriormente, a animação adquire uma relevância a mais em sua já importante função socioeducativa, ao converter-se em um *laboratório de ideias e significados compartilhados em torno de um projeto sociocultural*, destinados a serem gerados e selecionados pelo grupo, num primeiro momento, e depois oferecidos à comunidade para sua validação ou refutação social. Essa é a autêntica dimensão política da animação ao se converter numa escola de cidadania e de democracia. A ASC se mostra assim como uma didática da participação, para *aprender a mobilizar-se e tomar parte ativa (animus) nesse processo interpretativo e recreador de sentido (anima)*.

Essa missão exige do animador desempenhar uma tarefa propedêutica, exploratória e heurística tanto na geração de projetos como na busca de acordos.

---

[56] Thomas Kuhn, *op. cit.*
[57] Richard Rorty, *op. cit.*, p. 164.
[58] John Dewey, *op. cit.*, 1952.
[59] Richard Rorty, *op. cit.*, p. 27.

Uma tarefa incompatível com posturas doutrinárias e dogmáticas muito em voga nos primeiros tempos da animação, concebida como ação política, quando se pressupunha que o animador fosse um "militante", mais do que um profissional.

Com a virada de século e de milênio, os tempos mudaram, nossas sociedades se tornaram complexas e a ASC se profissionalizou, fazendo-se necessária uma reformulação de seus fundamentos à luz de novas demandas e de novos desafios sociais que se propõem aos novos profissionais da animação, dos quais se requer uma atitude humilde e honesta, eticamente comprometida, não tanto com uma determinada opção política, quanto com a criação democrática e pluralista de espaços abertos à discussão entre diferentes enfoques, opiniões e propostas. Isso não quer dizer que o animador não tenha seus próprios posicionamentos ideológicos e políticos (seria preocupante se não os tivesse), mas eles não haverão de interferir na busca do grupo e nas opções ideológico-políticas que seus membros hão de assumir livremente através da mencionada aprendizagem. Nesse sentido, a dimensão política da ASC não é partidária nem doutrinária, mas simples e claramente democrática, já que sua missão consiste em ensinar as pessoas a participar na praça pública de sua comunidade por meio de projetos culturais de sua escolha, que lhes permitam recriar e interpretar livremente as diferentes opções sob um enfoque crítico não só com as condições da sociedade, como também – e nisso se diferencia do paradigma crítico padrão – com a capacidade do animador para mostrar o caminho de sua melhoria[60].

Em definitivo, a ASC não é neutra, porque sua finalidade é ensinar as pessoas a participar de seu meio sociocultural, a comprometer-se, a tomar partido, e isso requer, indubitavelmente, uma clara dimensão política que opta pela atitude ativa e participativa do cidadão, ante atitudes passivas e meramente consumistas. A ASC toma partido abertamente pela cidadania ativa do sujeito diante da manipulação das massas[61]. Mas essa meta, nos atuais sistemas democráticos de nosso meio, pode ser conseguida por intermédio de diversas opções políticas e ideológicas.

A única base política radical de que parte e à qual aspira a ASC é a democracia cultural, e tanto a constatação histórica de mais de meio século de evolução como a experiência dos que levaram outro tanto exercendo-a nos demonstram

---

[60] Victor J. Ventosa, "Teatro del oprimido y animación sociocultural: una revisión crítica de sus presupuestos teóricos", em José Dantas, Manuel Francisco Vieites e Marcelino de Sousa, *Teatro do oprimido: teorias, técnicas e metodologias para a intervenção social, cultural e educativa no século XXI*, Amarante: Intervenção, 2013, p. 108.

[61] José Ortega y Gasset, *La rebelión de las masas*, Barcelona: Orbis, 1983.

que existem diversos caminhos para chegar à referida meta, todos eles igualmente lícitos desde que democráticos em seus princípios e em sua implantação.

Aquilo que afirmamos da ASC se aplica a seus agentes. Não é missão dos animadores socioculturais fazer política, e sim capacitar e habilitar as pessoas para que cada um a exerça quando acredite ser oportuno. O animador profissional não deve doutrinar, e sim tornar o público mais forte. Seu âmbito de intervenção não é o político, mas o educativo e o cultural. O primeiro compromisso que há de ter um profissional da animação é o de fazer bem o seu trabalho, ser um profissional competente da motivação e da participação, ensinar as pessoas a organizarem-se através de projetos socioculturais livremente escolhidos e que as façam mais felizes, mais autônomas e mais comprometidas com seu ambiente. É ao redor desse eixo que há de girar o código de conduta do animador sociocultural profissional, e não tanto em torno da militância de uma determinada causa política ou ideológica. Todos os demais compromissos ideológicos que adote como importantes (religiosos, políticos ou sociais), ele os assume pessoalmente como ser humano mais ou menos comprometido com seu mundo, mas não necessariamente em razão de seu compromisso profissional com a ASC.

Com isso, o sentido e o compromisso crítico do animador em todo esse processo, longe de anular-se ou diluir-se, se reposiciona e adquire uma dimensão superior, passando de um *animador iluminado*, portador de uma verdade que há de revelar ao povo ou à comunidade, por meio de um processo de conscientização dirigida para uma emancipação final do ser humano, a um *animador iluminador, cultivador de sentido*, estimulador de perguntas (não dogmáticas, nem sequer magistrais, e sim formuladas todas elas sobre a marcha da própria atividade sociocultural em termos de estímulos e desafios) e provocador de propostas (não abstratas, porém concretas, traduzidas em ações atrativas) capazes de envolver uma coletividade no desenvolvimento de um projeto sociocultural que alimente sua esperança, extraia suas potencialidades e traga experiências intensas de felicidade que contribuam para melhorar sua qualidade de vida.

De maneira conclusiva, essa revisão não pretende acercar-se de posturas niilistas e muito menos escapistas com respeito ao compromisso da animação e dos animadores para com a melhoria do mundo que nos rodeia. Apenas ressitua esse compromisso e a capacidade crítica que o acompanha, sem cair em maniqueísmos, simplificações e falácias antinômicas. Esse giro que apresento passa por redefinir as práticas socioeducativas críticas, propondo a emancipação como ponto de partida e não como ponto de chegada ou resultado de um longo processo.

Para isso, a animação parte do concreto, imediato e experiencial (uma atividade desejada, um desafio lançado na arena, uma convocatória impactante, uma provocação...) e intervém em contextos de proximidade, onde as relações do grupo ou da comunidade destinatária são suficientemente diretas e próximas para produzir vínculos socioafetivos intensos ao redor de um projeto sociocultural compartilhado, gerador de novas relações, experiências e entendimentos.

Aos animadores e animadoras compete, por consequência, uma função estratégica, hermenêutica e heurística. Deixam de ser militantes de ordens ou pastores da verdade para converterem-se em *cultivadores de sentido*, sabedores de que toda crítica e inclusive autocrítica é feita, inevitavelmente, por um sujeito determinado por uma cultura, uma tradição, uma educação, certos interesses e uma linguagem determinada. Conscientes de que a coesão social buscada por Habermas e sua Teoria Crítica não se consegue com grandiosas teorias, nem pretendidas e pretensiosas verdades universais, e sim com o cultivo de valores úteis, tais como a solidariedade, o amor, o sentido de comunidade ou a busca da felicidade compartilhada[62].

Essa construção de sentido (o que denomino como a *anima* da animação) só se pode conseguir de uma maneira compartilhada, tal como nos mostrou a filosofia da linguagem de Wittgenstein e sua tese do intercâmbio social como base da linguagem e do conhecimento, até Davidson e sua afirmação de que a comunicação com os demais (e não o indivíduo isolado, como afirmava o "cogito" de Descartes) define a realidade.

Ante essa situação, a *anima*, ou busca de sentido da animação, só pode ser conseguida através do *animus* ou do pôr-se em relação com os demais. Portanto, ambas as dimensões são complementares e inseparáveis na ASC e constituem as duas funções básicas do animador enquanto *provocador de sentido*, mediante a proposição de iniciativas coletivas e projetos ilusionistas (*anima*) e *geradores de participação* mediante a criação de um clima grupal propício para levá-las a cabo (*animus*). Até aqui, minha proposta e fundamentação teórica. Adiante, me deterei mais concretamente nessas duas funções básicas dos profissionais da animação.

2.5. UMA NOVA ANIMAÇÃO PARA ENSINAR A PARTICIPAR NO SÉCULO XXI

Portanto, é sob a reformulação de seus tradicionais pressupostos que a animação sociocultural adquire todo seu sentido e valor como estratégia geradora de espaços de encontro e convivência entre visões e propostas diferentes, acentuando

---

[62] Manuel Cruz, *op. cit.*

o que queremos (como propõem Ortega y Gasset e o próprio Rorty), em lugar do *que devemos*[63], que defendia a unidade na ação (animação) acima da diversidade das ideias, como preconizavam Vicente Ferrer e Teresa de Calcutá, com seu compromisso solidário, ou Deng Xiaoping, a partir de sua revolução política em sua memorável frase popularizada, entre outros, por Felipe González: "Que importa que o gato seja branco ou negro, o importante é que cace ratos".

Entre a pretendida objetividade do realismo modernista e o subjetivismo desencantado do pós-modernismo, a ASC se apresenta como uma *escola de cidadania geradora de intersubjetividade* através do comprometimento de um grupo em um projeto sociocultural solidariamente compartilhado, que sabe que a realidade "está aí fora" e, embora possa ser mais ou menos independente e externa, está determinada por nossa linguagem (tal como nos ensina a filosofia analítica e da linguagem de Wittgenstein até Davidson) e por nossa prática (tal como nos mostra o pragmatismo de William James e Dewey até Rorty) e, como tal, estamos obrigados a nos entender e a nos comprometer com a ação para podermos conseguir o acordo intersubjetivo gerador de sentido de nossa vida e de nossa sociedade.

Por não existir um olho externo ou ponto arquimédico comum a toda a humanidade, fora de um sistema do qual se possa avaliar todos os sistemas, a única coisa que nos cabe é a *construção de um espaço compartilhado* em que todos eles possam coexistir e competir, guiados pelo compromisso solidário e pela compaixão pelos demais (em seu sentido mais literal de "paixão compartilhada"), como bases éticas úteis e necessárias para aspirar ao consenso e ao acordo.

Essa missão é a que compete à democracia, como assertivamente sublinha Dewey[64], e a ASC é o meio didático para ensinar os cidadãos a explorar todas as suas possibilidades, na certeza confirmada pela história de que o que mantém unidos os povos não são suas ideologias ou crenças (frequentemente, fonte do contrário, como demonstram os atuais conflitos religiosos e étnicos de nosso mundo), e sim suas esperanças comuns e seus vocabulários compartilhados.

Nesse sentido, a solidariedade não equivale a dividir uma verdade nem meta, mas um mesmo projeto. Dessa perspectiva, ser solidário, longe de ser um gesto pontual, é compartilhar uma rota, acompanhar o trajeto, caminhar juntos. Por isso, o autêntico solidário é o "companheiro" (do latim vulgar, "com-pan-io", "o que divide seu pão"). Desse modo, numa época em que as ideologias e os dogmas perdem força, é o "nós" a única coisa capaz de nos unir, esse mínimo denominador

---

[63] Richard Rorty, *op. cit.*

[64] John Dewey, *Democracía y educación*, Madri: Morata, 1995. Edição brasileira: *Democracia e educação: capítulos essenciais*, São Paulo: Ática, 2008.

comum que move os atuais movimentos cidadãos de todas as idades, transnacionais e globalizados, a sair às ruas para reivindicar "*o nosso*", *nosso pão*. Uma reivindicação mais modesta do que as velhas utopias, porém mais acessível e realista.

É nesse contexto que mais adquire sentido a meta da ASC: *ensinar a viver em comunidade, compartilhando projetos liberadores das capacidades dos indivíduos*. Desse modo, a animação substitui a ideia de emancipação, proposta pelo paradigma crítico e pelas pedagogias que decorrem dele, pelo conceito do "nós"[65], muito mais inclusivo e democrático, ante as conotações hierárquicas, maniqueístas e excludentes do primeiro[66].

Desse modo, a meta da ASC coincide plenamente com a utopia democrática de que fala Dewey[67]:

> A governança, os negócios, a arte, a religião, todas as instituições sociais têm [...] um propósito: liberar as capacidades dos indivíduos. [...] A prova de seu valor nos dá a medida com que educam cada indivíduo, a fim de que alcance o pleno desenvolvimento de suas possibilidades.

Do mesmo modo, a prova do valor da ASC estará no grau em que consiga educar o indivíduo para fazê-lo capaz de alcançar o pleno desenvolvimento de suas possibilidades.

Assim, a função básica do animador se diferencia da função docente tradicional, na qual o professor distribui informação, conteúdos e conhecimentos ao educando. Com ela, o processo é antes o inverso, ajuda a *extrair do sujeito o melhor que este tem dentro de si*, tendo por base a coparticipação dos demais membros do grupo que com ele queiram realizar um projeto sociocultural. O ofício do animador e da animadora sociocultural tem, nesse sentido, mais a ver com a parteira do que com o professor.

Mas, para poder concretizar essa transição, necessitamos realizar *três grandes transições ou mudanças*.

A primeira supõe *passar de uma cultura da confrontação e do conflito*, baseada na pretensão de superioridade de um argumento sobre os demais, *para uma cultura da conversa e do diálogo*. Nesse sentido, como também constata Rorty, a hemenêutica de Gadamer[68] nos permite realizar essa transição sem traumas, sendo ao

---

[65] Richard Rorty, *op. cit.*
[66] Danny Wildemeersch, *op. cit.*
[67] John Dewey, *op. cit.*, 1970, apud Richard Rorty, *op. cit.*, p. 82.
[68] Hans-Georg Gadamer, *op. cit.*

mesmo tempo a mais idônea para enfrentar o desafio de pensar a complexidade em diálogo com outros paradigmas.

A segunda transição necessária é a que reivindica o papel e a *importância da emoção diante da hegemonia dada até agora à razão* ao longo de toda a nossa história do pensamento e da cultura ocidental. Esse é outro dos mitos do pensamento moderno e da Teoria Crítica que é necessário revisar à luz dos conhecimentos atuais e do papel da ASC como geradora de experiências socioafetivas emocionalmente intensas, capazes de incrementar a felicidade das pessoas, dividindo-a com os demais membros do grupo ou da comunidade.

Por isso, disse Rorty que Habermas é o pensador contemporâneo menos disposto a redesenhar a fronteira entre a razão e a emoção, o que é o mesmo que dizer que ele é mais reticente em romper a linha divisória que separou até há pouco a validade universal e o consenso histórico. No entanto, boa parte de seus colegas contemporâneos não estão tão seguros disso[69].

Mas não só a filosofia atual põe em dúvida a separação entre razão e emoção. Também os últimos avanços das neurociências vêm invalidar a tese de Habermas, ao pôr em evidência a íntima conexão entre razão e emoção, até o ponto de afirmar que é a emoção que determina a razão e não o contrário, como até agora se acreditava[70].

A ASC foi pioneira no descobrimento da primazia da emoção como via de conhecimento e aprendizado, dado que sua metodologia de trabalho se baseia na criação de espaços e de tempos afetivo-emocionais intensos e diferentes das coordenadas espaço-temporais formais e rotineiras, nas quais se desenvolvem os contextos educativos normalizados. Nesse sentido, a pedagogia do lazer dá conta dessa característica diferencial de um dos âmbitos mais importantes da animação, como é a educação no tempo livre[71].

A primazia da emoção, desse modo, exerce um papel fundamental não só no conhecimento como também no comportamento humanos, chegando, na atualidade, a proclamar-se como fonte e origem da moral, em contraposição ao imperativo ético kantiano de corte racionalista[72].

---

[69] Richard Rorty, *op. cit.*, p. 90.

[70] Francisco Mora, *op. cit.*; Daniel Goleman, *op. cit.*; Ignacio Morgado, *op. cit.*; António Damasio, *En busca de Spinoza: neurobiología de la emoción y de los sentimientos*, Barcelona: Destino, 2013 (edição brasileira: *Em busca de Espinosa*, São Paulo: Companhia das Letras, 2004).

[71] Josep M. Puig e Jaume Trilla, *La pedagogía del ocio*, Barcelona: Laertes, 1987. Edição brasileira: *A pedagogia do ócio*, São Paulo: Artmed, 2004.

[72] António Damasio, *op. cit.*; Jonathan Haidt, "Psicologia moral y la incomprensión de la religión", em John Brockman (ed.), *Mente*, Barcelona: Crítica, 2012.

Nesse sentido, a moralidade não partiria de uma obrigação que se impõe de maneira absoluta à natureza do ser humano, ao modo kantiano, e sim, como diz Rorty, *de uma relação de confiança recíproca*[73]. Desse modo, a moralidade e os valores a ela associados progridem à medida que progride e se expande o círculo do "nós". Esse princípio moral, no meu entender, tem sua base na moral cristã baseada numa relação de confiança recíproca com Deus, encarnado nos demais.

Com isso, teríamos definida a terceira transição imprescindível para empreender a revisão teórica da animação, à luz da proposta aqui descrita: a passagem *de uma ética universal e abstrata para uma moral de confiança recíproca, histórica e concreta*, expressão de cada contexto cultural e comunitário.

Em razão do que foi dito, podemos afirmar que a ASC é uma escola de moralidade, enquanto âmbito no qual se ensina a "viver com" os demais (conviver) e "partilhar com" os demais (compartilhar), ampliando assim o círculo do "nosso". Desse modo, a ética da ASC se baseia numa *moral de proximidade*, concreta, encarnada no grupo (nós), frente a uma ética kantiana grandiloquente, imperativa e abstrata, própria da modernidade e apontada por Habermas. Do eu absoluto, objetivado e substancial de Kant (e retomado por Hegel e Marx através dos quais passa para a Teoria Crítica de Habermas) passamos ao "eu narrado" de que fala Daniel Clement Dennett[74], através do qual a animação (sua *anima*) se converte em uma estratégia intencional que dá sentido a um processo grupal – aleatório e predizível simultaneamente – histórico-narrativo, e o animador, portanto, se transforma em um narrador ou *cronista de histórias coletivas* compartilhadas em torno de um projeto sociocultural.

Por fim, e a partir dessa perspectiva, a moral se assemelha a um "manual de instruções para viver bem" ou a um "breviário das práticas sociais que os seres humanos nos damos para viver em comunidade"[75].

Em síntese:

> *Cultura da conversação* ante a do conflito

> *Primazia da emoção no acesso à razão* ante a hegemonia e autonomia desta última

> *Moral de confiança recíproca* ante uma ética imperativa universal e abstrata

---

[73] Richard Rorty, *op. cit.*, pp. 90-1.

[74] Daniel Clement Dennett, "Evolución de la cultura", em John Brockman (ed.), *Cultura*, Barcelona: Crítica, 2012.

[75] Richard Rorty, *op. cit.*, p. 92.

Esses são os três pilares que proponho sobre os quais reconstruir o novo edifício teórico da animação sociocultural enquanto didática da participação, a partir da revisão do paradigma crítico que o sustentava até agora. Um edifício que concebe a ASC como um *processo que parte da divergência de interesses dos sujeitos envolvidos ou convocados para chegar à convergência em torno de um projeto compartilhado, de que brote a emergência em forma de novos sentidos, experiências e significados que questionem a ordem existente e proponham ou recriem novas reconfigurações dele.* Nisso se fundamenta a mais genuína dimensão política da animação: não tanto transformar a realidade (uma realidade ao fim e ao cabo objetivamente incognoscível, consentida, ubíqua e evanescente), quanto *reinterpretá-la* e recriá-la, transformando nossas relações com ela mediante a capacidade para criar contextos e oportunidades grupais com as quais se possam experimentar novas experiências, estabelecer novas relações e redefinir outras maneiras de abordá-la.

Para isso, é necessário inverter o princípio e o final de todo esse processo, de maneira que a verdade ou o sentido não estejam pressupostos de saída, e sim o resultado final, e a capacidade emancipatória de seus membros (entendida como "igualdade de inteligências", utilizando a já referida expressão de J. Rancière) não seja o ponto de chegada a que se deva reconduzir o grupo, e sim a condição igualitária entre todos os seus membros, desde o início.

Desse modo, a aposta pelo "nós" desloca o *desideratum* da emancipação, na qual a missão fundamental do animator não é a de iluminar ou emancipar o grupo, mas a de *ensinar seus membros a viver em comunidade, compartilhando projetos socioculturais liberadores de suas potencialidades expressivas, interpretativas e reconfiguradoras da ordem existente.*

Para conseguir essa meta, é necessário aprender a participar, razão pela qual reivindicarei, na sequência, a ASC como didática da participação, desenvolvendo as bases sobre as quais construí-la.

3. BASES PARA UMA DIDÁTICA DA PARTICIPAÇÃO

Uma vez revisada e reformulada a fundamentação teórica da animação sociocultural, com a qual procurei delimitar o "quê" e o "para quê", temos de abordar o "como".

Para isso, necessitamos retomar a afirmação com que concluía, a modo de recapitulação, a análise anterior. Nela sustentava que a missão fundamental do animador é a de *ensinar o grupo a viver em comunidade compartilhando projetos liberadores das capacidades dos membros.*

Pois bem, o que isso acarreta? Ou para dizer de uma maneira mais explícita: o que se requer da ASC para ensinar os membros de um grupo a viver em comunidade, compartilhando projetos?

Podemos começar retomando o básico: para aprender a viver em comunidade há que saber participar.

A essa conclusão que chegamos, por via teórica, também podemos chegar por uma via empírica.

Se tivéssemos que extrair, a partir do estudo comparado das múltiplas e diversas concepções e experiências de ASC analisadas ao longo de mais de cinquenta anos, seu "mínimo denominador comum", seria que todas elas – de uma maneira ou de outra – têm como finalidade *ensinar a participar.*

É por isso que podemos propor e entender a ASC como uma didática da participação: um *tipo de educação (social) que traz consigo uma determinada maneira de motivar e ensinar a participar mediante a implicação dos destinatários na realização de projetos socioculturais de seu interesse, com o fim de liberar suas capacidades.*

O que se segue, portanto, tem por objetivo sintetizar quais são os principais componentes teóricos e metodológicos que, na minha opinião, permitem contemplar a ASC como uma *didática da participação.*

A primeira premissa de que temos de partir é de tipo conceitual, intentando delimitar os conceitos centrais de nossa proposta como base do modelo que posteriormente exporemos.

Para isso, tentarei analisar brevemente o significado do que entenderemos por didática, relacionando-a em seguida com a noção e a natureza da participação, para concluir fundindo ambos os conceitos na consideração da ASC como uma didática da participação.

Delimitar o conceito de didática traz consigo uma dificuldade inicial, tendo em conta a divergência existente entre as múltiplas definições dadas, não tanto a respeito de seu objeto, mas em relação à sua natureza epistemológica: uns a definem como ciência[1], outros como tecnologia[2] e outros mais, a partir de uma perspectiva mais genérica e pragmática, a denominam *disciplina pedagógica*[3], algo – este último aqui – que nos pode servir como ponto de partida, dado que a didática (assim como a ASC) é um campo sistematizado de estudo ou ramo do conhecimento que se investiga e ensina (disciplina = *discipulus*).

E essa disciplina tem por objeto de estudo (aqui existe acordo) os processos de ensino e aprendizado. Do que se deduz que a didática se ocupa "dos meios ou procedimentos" mais adequados para dirigir, da maneira mais eficiente possível, o processo de ensino-aprendizado. A essa dimensão instrumental básica que tem a didática geral, há que se acrescentar os conteúdos específicos que lhe trazem as didáticas especiais, quer dizer, os conteúdos de ensino que se devem aprender em cada caso.

Pois bem, a tese que defendo é a de que um desses conteúdos de ensino-aprendizado é precisamente o que se trabalha na ASC, de tal forma que, se a didática geral trata de "como ensinar", a ASC, podemos dizer, trata de "como ensinar a participar". Nesse sentido, *a ASC seria uma didática especial que se ocupa de estudar, desenvolver e aplicar os processos de ensino-aprendizado que se produzem em contextos organizados de relação grupal e comunicação intencional, dirigidos a motivar e ensinar a participar*.

Uma vez definida a natureza didática da ASC, nos resta analisar as características do objeto da referida didática.

Para isso, temos de partir da consideração da participação não como algo inato (ainda que pareça inata a sociabilidade humana que a faz possível e necessária), e sim adquirido. Quer dizer, é necessário ensinar a participação para poder aprendê-la. E, além disso, para que esse aprendizado se consolide e se transfira, requer uma metodologia processual e progressiva, motivadora e ativa. Porque

---

[1] Renzo Titone, *Metodologia didáctica*, Madri: Rialp, 1981.

[2] Vicente Benedito, *Introducción a la didáctica*, Barcelona: Barcanova, 1987.

[3] Luiz Alves de Mattos, *Compendio de didáctica general*, Buenos Aires: Kapelusz, 1997.

participar só se aprende participando e, ademais, de maneira gradual, de forma que o sujeito receba reforços imediatos diante dos primeiros avanços – por pequenos que sejam – que lhe preparem para passos futuros cada vez mais exigentes e lhe vacinem para não desistir ante possíveis fracassos.

Para responder a esse desafio, me referirei à ASC não só como uma das modalidades mais adequadas de intervenção socioeducativa, mas sobretudo como aquela metodologia ativa, motivadora e comunitária mais eficaz para *aprender a participar em grupo, mediante o desenvolvimento de projetos socioculturais livremente escolhidos, orientados para facilitar sua integração na comunidade, trazendo-lhe elementos de melhoria da qualidade de vida.*

É em razão disso que podemos definir a ASC como uma **didática da participação**.

Ambos os conceitos – animação e participação – se relacionam estreitamente, já que têm uma mesma dimensão ambivalente e se compõem de três dimensões (a educativa, a social e a cultural) que explicam suas respectivas virtualidades.

A ambivalência da animação, mercê da qual podemos considerá-la como um processo instrumental de caráter relacional (função relacional ou *animus* = pôr em relação) e também como meta orientada para conseguir a autonomia e a auto--organização de um coletivo (função produtiva ou *anima* = dar vida, sentido), se reproduz também na participação ao considerá-la:

> **Um meio:** como *habilidade instrumental* se entende a participação como *participar para algo*. Nessa perspectiva, pomos o acento no "para quê" da participação. Desse modo, nos referimos à participação como um meio para conseguir determinados fins. O que importa, definitivamente, não é tanto a participação como tal, e sim sua finalidade. Nesse sentido, quando a finalidade é formativa, falaremos da formação participativa.

> **Um fim:** mas a participação também pode ser um *valor em si mesma*, que implica protagonismo, responsabilidade e autonomia (ser participativo = ser autônomo, responsável e solidário). Sob esse enfoque, consideramos a participação como um valor, algo valioso em si mesmo, algo digno de apreço. Nesse caso, o acento é posto na participação como um valor objetivo, antropologicamente consubstancial à natureza de um ser humano livre, autônomo e responsável, quer dizer, como um fim em si mesmo. Aplicado ao âmbito formativo, falaremos, então, de formação para a participação.

Simultaneamente, as três dimensões básicas da animação (cultural, social e educativa) também se vêm refletidas na participação:

> A *dimensão educativa representa o referente formal da participação*: participar supõe um processo de ensino-aprendizado com uma série de pautas que é necessário discernir para poder aplicar. Por isso, é o vetor transversal e temporal de nosso modelo de animação.

> A *dimensão social representa o referente espacial da participação*: traz o marco contextual e estratégico através do qual podemos chamar as fases de graus ou níveis de participação e constitui o seu vetor vertical.

> A *dimensão cultural ou material*: a participação requer um conteúdo que a materialize e oriente. Participa-se de algo e para algo através de determinadas atividades criativas, lúdicas, associativas. Representa a objetivação ou materialização das duas dimensões anteriores numa ação ou conjunto de ações que denominamos projeto e, por isso, é o vetor resultante.

Desse modo, podemos sintetizar o processo completo de aprendizado da participação afirmando que:

> *Aprendemos a participar realizando ações/projetos, gradualmente, a partir de um determinado contexto.*

A partir daqui, exponho no gráfico a seguir o modelo de participação no qual me basearei para fundamentar e desenvolver minha proposta didática:

MODELO DA PARTICIPAÇÃO

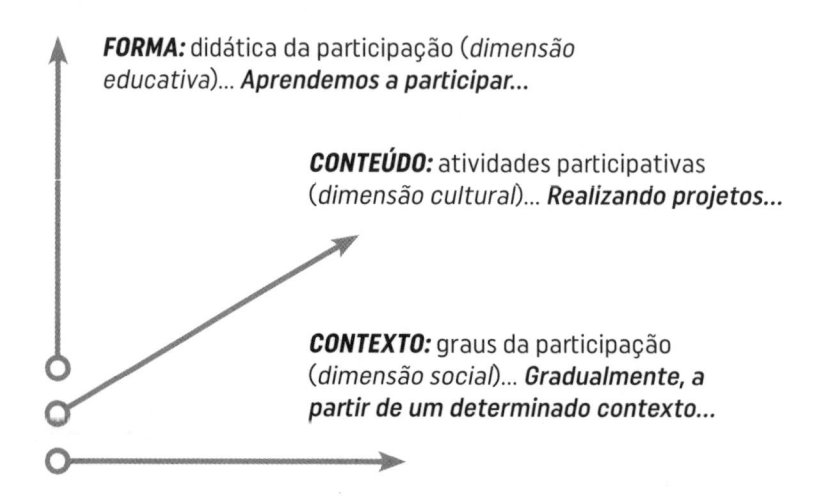

FORMA: didática da participação (*dimensão educativa*)... **Aprendemos a participar...**

CONTEÚDO: atividades participativas (*dimensão cultural*)... **Realizando projetos...**

CONTEXTO: graus da participação (*dimensão social*)... **Gradualmente, a partir de um determinado contexto...**

Ao longo das páginas seguintes, me dedicarei a descrever os aspectos que creio mais relevantes de cada uma dessas três dimensões, com o objetivo de poder contribuir para fundamentar uma teoria, metodologia e prática da participação suficientemente consistente e explicativa, servindo de base para futuros desenvolvimentos e aplicações, tanto no campo formativo quanto profissional.

Para isso, me centrarei especialmente em definir certos traços característicos e padrões de atuação comuns e generalizáveis a qualquer tipo de participação com grupos, independentemente de idades, contextos socioeducativos e modalidades de intervenção.

Espero que tudo isso contribua para o desenvolvimento de um modelo didático da participação que ajude, por sua vez, a delimitar e definir o objeto da ASC, evitando a secular disparidade e imprecisão dessa disciplina na hora de fundamentar e delimitar seu objeto e sua prática, tendo em conta que os conhecimentos didáticos – como afirma Parcerisa[4] –, tal como os procedentes da ASC, não podem oferecer prescrições de validade universal, mas sim trazer recursos de análise e protocolos para a ação.

3.1. O QUE ENTENDEMOS POR PARTICIPAÇÃO? SIGNIFICADOS, DIMENSÕES E ENFOQUES

Para poder ensinar a participar, é necessário, em primeiro lugar, definir esse conceito. Para esse objetivo, partirei de uma definição genérica, integral e funcional de participação, fugindo de formulações abstratas e parciais ou escoradas, para tentar detectar seus componentes e características essenciais. Uma vez conseguido isso, poderemos nos aproximar das diferentes acepções, em conformidade com as quais se utiliza e se aplica esse conceito, especialmente no âmbito socioeducativo e cultural.

Encontramos o ponto de partida do sentido de conceito de participação em sua etimologia latina, em que está sua origem: *participatio/onis*, "tomar parte". No entanto, tanto o *Dicionário da Real Academia Espanhola* como o de María Moliner acrescentam a esse sentido etimológico outros três significados que enriquecem o conceito, trazendo interessantes matizes ao nosso tema:

Os significados da participação
> *Comprometer-se*: esse significado reforça e aprofunda o já mencionado de "tomar parte em algo", no sentido de "estar entre os que fazem", como muito

---

[4] Artur Parcerisa, *Didáctica en la educación social: enseñar y aprender fuera de la escuela*, Barcelona: Grao, 1999, p. 8.

sutilmente detalha María Moliner. Eis aqui a primeira caracterização e a mais importante, do sujeito participativo como aquele *que atua* ante os sujeitos passivos, que não atuam. O primeiro traço definidor de participação, portanto, é *a ação*. Essa primeira conclusão nos será fundamental na hora de caracterizar o tipo de aprendizado ao qual pertence (procedimental), como veremos mais adiante.

› *Compartilhar*: o segundo traço definidor de participação é a sua dimensão social. Aprende-se a participar *em grupo*. O grupo, portanto, é o âmbito, espaço ou contexto de aprendizado necessário da participação.

› *Comunicar*: o terceiro traço caracterizador de participação é a *interação* com os demais. A dimensão relacional e comunicativa da participação, por consequência, também terá que ser considerada na hora de desenhar uma didática da participação.

Se agora integrarmos os significados anteriores num só, poderemos aceder a outro novo, produto, de certo modo, dos demais. Refiro-me ao de *"associar-se"*, de que também dão conta as fontes citadas e ao qual dedicaremos um parágrafo em especial, dada a sua importância do ponto de vista socioeducativo. Tal importância chega até o ponto de, em muitos casos, identificar-se a participação com o associativismo.

As dimensões e enfoques da participação

Essa primeira aproximação do conceito de participação nos sinaliza a diversidade de enfoques, a partir dos quais podemos analisá-la em função de uma série de variáveis.

Atendendo ao *tipo de participação*, podemos distinguir a participação *direta* da *indireta* ou representativa.

Se atendermos aos *níveis ou graus de participação*, veremos que a participação não tem um valor discreto, e sim contínuo, já que tem um caráter gradual e admite valores intermediários. Desse modo, como veremos mais adiante, podemos diferenciar uma participação:

› *Informativo-assistencial*: em que a participação é meramente receptiva e limitada a receber e analisar informação.

› *Consultiva*: a participação não só é receptiva, mas propositiva, estando aberta à avaliação e apresentação de propostas, ainda que estas não impliquem compromisso de cumprimento.

> *Decisiva*: a participação é ativa ao incluir em si a tomada de decisões.

> *Executiva*: supõe o nível máximo de participação ao incluir não só a tomada de decisões, como também a execução e gestão delas.

Finalmente, atendendo *ao conteúdo da participação ou âmbito onde se exerça*, podemos encontrar uma participação social, política, educativa, econômica, cultural etc., com suas consequentes derivações e combinações. Em razão do tema deste livro, nos concentraremos na participação social e cultural.

3.2. FUNDAMENTOS PSICOPEDAGÓGICOS: MODELOS, TEORIAS E RECURSOS DIDÁTICOS PARA A PARTICIPAÇÃO

Uma vez definidos o alcance e o significado do conceito de participação do qual partimos, já podemos nos aproximar da seguinte questão vinculada à nossa investigação didática: tentar descobrir como se aprende essa habilidade.

Dado que a participação é uma ação, podemos começar convindo que, em princípio, seu aprendizado pertence ao âmbito das destrezas. Portanto, o aprendizado da participação tem a ver, fundamentalmente, com conteúdos não tanto conceituais, e sim procedimentais.

Um procedimento consiste num conjunto de sequências de atos ou tarefas ordenadas com um fim. Em nosso caso, tal fim consiste em *comprometer-se ou tomar parte em algo e com alguém de maneira ativa*.

O aprendizado procedimental costuma associar-se a dois tipos de aprendizado que, no entanto, para nosso tema, convém distinguir: o aprendizado de destrezas e habilidades psicomotoras e o aprendizado de procedimentos[5].

O primeiro tipo de aprendizado é um fazer determinado e continua em sucessivas aproximações e correções, através do método de ensaio-erro, até que o aprendido se automatiza, momento em que passa a ser um saber implícito (inconsciente).

Mas o aprendizado da participação é mais amplo e complexo que a mera execução de certos movimentos. Acarreta a sucessão de atos ou tarefas dirigidas estrategicamente a um fim e, portanto, é um aprendizado procedimental cognitivo e explícito, ou consciente.

Por isso, temos de completar o que foi dito enfatizando que participar é um tipo de aprendizado procedimental baseado não tanto na execução de destrezas

---

[5] Jesús María Nieto Gil, *Neurodidáctica: aportaciones de las neurociencias al aprendizaje y la enseñanza*, Madri: Editorial CCS, 2011, p. 193.

psicomotoras (correr, assobiar ou nadar), mas na assimilação de habilidades e de procedimentos baseados em sequências complexas de atos, tarefas e de estratégias que levam a resolver um problema: como ser parte ativa em algo e com alguém.

Com isso, ademais, estamos diferenciando o ato de participar – aprendizado procedimental – da participação como conceito (aprendizado conceitual), para afirmar que, embora ambos os tipos de aprendizado sejam complementares, convém não confundi-los na hora de aplicá-los à ASC, já que, sendo consequentes com a metodologia ativa que a caracteriza, a melhor e mais completa maneira de saber o que é a participação é participando. Sobretudo tendo em conta que o conceito de participação é de natureza axiológica e, como tal, por pertencer ao mundo dos valores, para poder chegar a assimilá-lo, há que experimentá-lo ou vivenciá-lo.

Por isso, o aprendizado da participação contém não só conteúdos procedimentais, mas também atitudinais, posto que, para poder participar, além de saber fazê-lo deve-se querer fazê-lo. Finalmente, e uma vez realizado tal processo prático e vivencial, se poderá chegar a refletir sobre ele com o intuito de tirar conclusões conceituais. Desse modo, o aprendizado da participação incluiria três tipos de conteúdos: conceituais, procedimentais e atitudinais, mas são os dois últimos os mais relevantes e decisivos.

De acordo com Parcerisa[6], esses três conteúdos requerem diferentes tipos de estratégias de aprendizagem:

> *Conteúdos conceituais*: podemos subdividi-los, por sua vez, em *fatos* ou conteúdos factuais (acontecimentos, datas, eventos) e *conceitos* propriamente ditos (definições, fórmulas ou qualquer outra noção de caráter abstrato). Enquanto os primeiros requerem *memorização* e *recordação* para serem assimilados, os segundos são aprendidos mediante a *compreensão* e a posterior aplicação a diferentes contextos. Definir a noção ou delimitar o conceito de participação seriam exemplos desse tipo de aprendizado.

> *Conteúdos procedimentais*: requerem exercícios para serem aprendidos (a participar só se aprende participando), seguidos da reflexão sobre a prática (participação como práxis) para poder consolidar o aprendido. Essa modalidade de aprendizado, como veremos na sequência, é a que adquire maior protagonismo na hora de aprender a participar.

---

[6] Artur Parcerisa, *op. cit.*

> *Conteúdos atitudinais*: entendidos como conjunto de valores ou disposições perante determinadas situações sobre as quais temos de atuar, devemos nos pronunciar ou tomar partido. O tipo de aprendizado mais efetivo para assimilar esse tipo de conteúdo é o *aprendizado vicário ou de modelos*, junto com o aprendizado *vivencial ou experiencial*. Um tipo de aprendizado que, segundo Carreras e outros[7], passa por três etapas: o descobrimento, a incorporação e a realização. Não há dúvida de que, para aprender a participar de forma eficaz, é necessário cultivar uma atitude positiva ante a participação, de maneira que esta seja vivenciada ou experimentada como algo valioso.

A experiência nos demonstra que o aprendizado da participação trabalha especialmente com conteúdos procedimentais e atitudinais. Alguém pode saber muito bem a definição de participação, mas, se não sabe e/ou não quer participar, de pouco servirá seu conhecimento teórico.

Por isso, vamos nos deter nos aspectos procedimentais e atitudinais da participação a fim de ressaltar aquelas características que cremos mais importantes para a construção de uma didática da participação.

A participação como aprendizado procedimental: modelos e recursos didáticos

No aprendizado procedimental, podemos distinguir dois tipos de processos:

> *Algorítmicos*: regidos por um conjunto de instruções ou regras rigidamente ordenadas (os algoritmos próprios da lógica, da matemática ou da informática).

> *Não algorítmicos*: conduzidos por um conjunto de atos e instruções sequenciadas, mas de uma maneira não rígida nem unívoca (pintar um quadro, fazer uma cama, compor uma canção ou participar de um grupo).

Dado que a participação constitui um conjunto complexo e não linear nem necessariamente unívoco de procedimentos, corresponde a um *aprendizado procedimental não algorítmico*.

Portanto, nossa didática da participação terá que se basear numa estratégia específica para o aprendizado de conhecimentos procedimentais não algorítmicos.

A seguir, exponho como podemos aplicar essa estratégia ao aprendizado da participação, a partir do modelo genérico de aprendizado social e procedi-

---

[7] Llorenç Carreras *et al.*, *Cómo educar en valores*, Madri: Narcea, 1995.

mental descrito por Nieto Gil[8], descrevendo as implicações que se seguem em cada etapa.

1ª) **Exposição verbal:** descrição – oral e/ou escrita – da finalidade, número de etapas ou passos para chegar à meta pretendida. Trata-se de informar sobre como levar a cabo a sequência de passos necessários para elaborar o *processo de participação*.

Essa primera etapa implica, por sua vez, três momentos bem diferenciados, estabelecidos de forma diacrônica ao longo de todo o processo expositivo:

> *Antes*: chamar a atenção dos membros do grupo e criar um ambiente de expectativa. Isso pode ser conseguido com diversas técnicas, tais como "a contagem para trás" (se conta de dez para trás, dizendo que, ao se chegar ao zero, todo mundo estará em silêncio e atento), o "lançamento de boné ou chapéu" (o animador se propõe a lançar seu boné ou chapéu para cima de maneira que, quando caia no chão, todos devem estar em silêncio). O importante é não levantar a voz acima das vozes do grupo para tentar ganhar sua atenção porque, desse modo, se costuma entrar num círculo vicioso de difícil saída.

> *Durante*: otimização do contexto ou ambiente, mediante o controle das variáveis externas de aprendizado, tais como o ruído, a temperatura, a acessibilidade ou visibilidade.

> *Depois*: otimização da expressão oral e corporal mediante o controle dos fatores que dificultam ou bloqueiam a comunicação verbal e não verbal. Para exemplificar, destaco alguns dos mais importantes[9]:

Fatores que dificultam ou bloqueiam a comunicação

A) Expressões verbais
1. Observações rudes e desrespeitosas
2. Frases e respostas ásperas
3. Incapacidade de apreciar manifestações de bom humor nos demais
4. Sarcasmo

---

[8] Jesús María Nieto Gil, *op. cit.*, pp. 389-90.

[9] Victor J. Ventosa, *Métodos activos y técnicas de participación para educadores y formadores*, Madri: Editorial CCS, 2004.

5. Falar ao ouvido de uma pessoa, diante de outras
6. Perfeccionismo
7. Ser meloso
8. Levantar a voz e gritar
9. Falar mal pelas costas
10. Criticismo
11. Não dizer a verdade
12. Espírito de contradição
13. Fofoca, burburinho
14. Falar na primeira pessoa
15. Recordar constantemente os fracassos
16. Fanfarronar
17. Espírito burlesco
18. Falar de forma fria e impessoal
19. Expressão de sentimentos de hostilidade
20. Não se lembrar dos nomes
21. Monopolizar
22. Humor ferino
23. Ser muito insistente
24. Cortar uma pessoa
25. Interromper
26. Mudar de tema constantemente
27. Expressar mau humor ao falar
28. Corrigir em público
29. Monotonia, ser chato
30. Não olhar o interlocutor, não prestar atenção
31. Não saber escutar
32. Expressões vulgares, frases feitas
33. Uso excessivo do jargão técnico
34. Pensar com maior rapidez do que alguém que fala
35. Falta de clareza e de concisão
36. Generalizar demais
37. Tirar conclusões antes do tempo
38. Falar sem parar
39. Desconfiança
40. Evasão
41. Responder a uma pergunta com outra
42. Falar sem conhecimento de causa

43. Falar do que alguém desconhece
44. Fazer comentários hipócritas
45. Fazer discursos ao falar, escutar-se
46. Mentir
47. Exagerar

B) Condutas não verbais
1. Falsidade (cara de jogador de pôquer)
2. A forma de se vestir
3. O tipo de penteado
4. Expressão facial (franzir o cenho, sorrir estupidamente...)
5. Ações físicas ameaçadoras
6. Nervosismo
7. Mutismo
8. Ensimesmar-se
9. Timidez, retraimento
10. Presunção, vaidade, fatuidade
11. Insensibilidade
12. Silêncio
13. Suspiros
14. Apatia, aborrecimento, bocejos
15. Despreocupação em conhecer valores e necessidades alheias
16. Hábitos físicos que distraem a atenção (fumar, mascar chiclete)
17. Tom de voz
18. Sorrir satisfeito, aprobativa ou sarcasticamente
19. Aparência pessoal
20. Fadiga
21. Irritabilidade constante
22. Atitude pessimista
23. Atitude sempre preocupada
24. Mostrar depressão
25. Instabilidade de caráter
26. Imprevisibilidade
27. Distrair-se enquanto fala ou escuta
28. Mostrar-se sempre apurado (ansiedade, nervosismo)
29. Mostrar-se obstinado
30. Falta de vontade para assumir riscos
31. Ser muito sensível

32. Rotular ou classificar as pessoas
33. Conflitos pessoais
34. Queixar-se constantemente
35. Irresponsabilidade
36. Inexpressividade, rosto impassível
37. Atitude defensiva
38. Falta de consciência
39. Escutar só o que se quer ouvir
40. Susto, espanto, terror
41. Transpiração
42. Pestanejar rapidamente
43. Postura descuidada
44. Dar a mão suada
45. Mau hálito
46. Dar de ombros

2ª) **Modelamento:** um *expert* (animador) servir de modelo com a finalidade de que o participante observe situações de animação e de participação grupal.

Assim como na etapa anterior, deve ser levada em conta uma série de implicações antes, durante e depois dessa fase:

> *Antes*: assegurar a atenção dos participantes, neutralizando ou minimizando possíveis distrações ambientais (ruído, interferências externas).

> *Durante*: controle e otimização das expressões oral e corporal por parte do animador, mantendo o contato visual e a atenção dos membros do grupo.

> *Depois*: assegurar-se de que todos os participantes compreenderam a execução.

3ª) **Prática guiada:** ensaio coletivo de execução em que o animador expõe a uma "participação guiada" cada um dos membros do grupo, orientando sua participação, oferecendo-lhe retorno (*feedback*) do observado, mediante os métodos de ensaio e erro e o de aproximações sucessivas e progressivas, que vão do menor ao maior grau de dificuldade ou complexidade. Isso se realiza tendo em conta uma série de pautas.

> *Antes:* animar a participação criando um clima não enfadonho e de confiança para "quebrar o gelo" e o medo cênico que costumam acompanhar o início desse tipo de situação.

> *Durante*: observação atenta e cordial de cada um dos participantes, enquanto executam suas respectivas práticas, abstendo-se de julgá-las ou avaliá-las antes que sejam finalizadas.

> *Depois*: reforçar positivamente cada intervenção, com especial referência às de pessoas mais inseguras.

4ª) **Modelamento:** nessa última etapa, o animador "modela" os participantes, observando, guiando, corrigindo e reforçando seus ensaios ou práticas através das seguintes pautas:

> *Antes*: graduar a motivação de maneira progressiva, mediante desafios para fazê-lo melhor, "mais difícil ainda".

> *Durante*: observação do participante, acompanhando o exercício de cada membro do grupo mediante uma supervisão orientada para servir de guia e estímulo.

> *Depois*: reforço positivo e voltar a iniciar o ciclo com um grau de maior exigência e segurança.

Em síntese, e de maneira figurada, o modelo descrito pode ser representado da seguinte forma:

MODELO DE APRENDIZADO SOCIAL

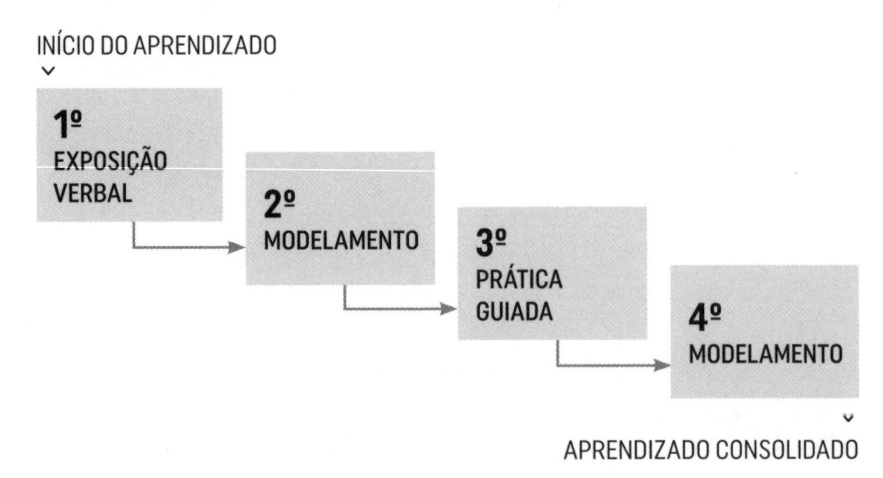

INÍCIO DO APRENDIZADO

1º EXPOSIÇÃO VERBAL → 2º MODELAMENTO → 3º PRÁTICA GUIADA → 4º MODELAMENTO

APRENDIZADO CONSOLIDADO

Para melhor ilustrar esse processo, vejamos um exemplo dos mais usuais em qualquer processo inicial de ASC, como é o da apresentação em grupo. Para isso, os animadores dispõem de múltiplas técnicas de apresentação grupal[10]. Elegeremos uma delas – concretamente, a chamada "roda de passatempos"[11] – para comprovar como se pode aplicar esse modelo de aprendizado procedimental ao ensino da participação:

1º) **Exposição verbal:** o animador explica ao grupo, com clareza, brevidade e convicção, como seus membros vão se apresentar publicamente, com o objetivo de iniciar o processo grupal a partir de um conhecimento inicial de cada um deles. Para isso, descreve em que consiste a técnica "me chamo e gosto", em que cada participante deverá, de maneira sucessiva e cumulativa, ir dizendo seu nome e expressando, corporalmente, uma de suas maiores predileções.

2º) **Modelamento:** o animador avisa que, na continuação, ele mesmo executará, como exemplo e começo de exercício, a apresentação de si mesmo perante os demais membros do grupo, conforme as normas anteriormente explicadas. Ele faz isso com gestos mais lentos no ritmo de execução, com segurança e naturalidade.

3º) **Prática guiada:** após sua apresentação, o animador convida e anima a apresentar-se, da mesma maneira, o participante seguinte e os demais, sucessivamente, inspirando a todo momento confiança e transmitindo bom humor. É importante iniciar esse processo por aqueles participantes mais decididos e deixar para o final os mais tímidos ou inseguros.

4º) **Modelamento:** à medida que cada membro do grupo vai se apresentando, o animador vai orientando, reforçando ou corrigindo suas intervenções, incorporando comentários, reforços e observações relativas às circunstâncias de cada momento, cuidando para que as correções necessárias sejam amáveis, sem nunca chegar a ridicularizar ou ferir ninguém em público.

---

[10] *Ibidem.*

[11] Victor J. Ventosa, *Manual de técnicas de participación y desarrollo grupal*, Madri: Pirámide, 2016, pp. 46-7.

Expositores gráficos para o aprendizado procedimental da participação

Além dos procedimentos ou modelos de aprendizado necessários para o ensino da participação, também são importantes os chamados expositores ou organizadores gráficos, um conjunto de recursos didáticos de tipo visual muito úteis e eficazes para potencializar o pensamento e o aprendizado e que podemos classificar do seguinte modo:

> *Figurativos*: representam uma informação abstrata de uma determinada forma visualmente organizada, seja mediante mapas (semânticos, conceituais, mentais), desenhos ou figuras. Vejamos um exemplo aplicado a esse mesmo tema:

```
                FIGURATIVOS
                    |
                    |
                TIPOS DE
INCLUSIVOS ---- EXPOSITORES ---- RELACIONAIS
                GRÁFICOS
```

> *Relacionais*: representam graficamente determinadas relações entre fatos, ações ou conceitos. Conforme o tipo de relação que se queira mostrar, podem ser reticulares (relações em rede), de causa-efeito, comparativos (como o Diagrama de Venn), sequenciais (processos ou sequências de acontecimentos), hierárquicos (organograma, estrutura piramidal), cíclicos, arborescentes etc. Um exemplo desse tipo de organizador gráfico foi anteriormente apresentado no modelo de aprendizado social.

> *Inclusivos*: vinculam graficamente conhecimentos novos com outros já adquiridos. Em seguida, apresento um exemplo de expositor gráfico inclusivo.

Uma maneira eficaz de facilitar o que Ausubel define como "ancoragem" das ideias ou conhecimentos novos nos já conhecidos – o procedimento pelo qual nosso cérebro armazena a informação que recebe – é através de expositores gráficos de tipo inclusivo, como o que em seguida apresentamos. Nele, trata-se de pedir aos participantes de um curso ou oficina de participação que completem a tabela seguinte ao finalizar a sessão. Para isso, deverão resumir na primeira coluna o que já sabiam sobre o tema antes do curso ou oficina, selecionar na segunda o que devem saber e sintetizar na terceira o que aprenderam em classe.

EXEMPLO DE EXPOSITOR GRÁFICO INCLUSIVO		
TEMA: A PARTICIPAÇÃO SOCIAL		
O QUE JÁ SABIA SOBRE O TEMA	O QUE DEVO SABER	O QUE APRENDI

Condições da participação: atitude e motivação

Na hora de iniciar qualquer processo de participação, há que se levar em conta duas variáveis ou condicionantes fundamentais: as atitudes que têm cada um dos membros do grupo face à participação e a motivação destes para participar. Vejamos cada uma delas.

Como desenvolver atitudes positivas para a participação

Aplicada ao nosso tema, uma atitude é uma disposição afetiva e conativa que predispõe alguém, de maneira positiva ou negativa, a participar. As atitudes para a participação são geradas a partir das experiências vividas por uma pessoa em determinados contextos (participar em) sociogrupais (participar com).

Daqui se deduz que, para ensinar a participar, deve-se facilitar *contextos gratificantes de participação*, de maneira que possam gerar experiências coletivas positivas, derivadas da prática de determinadas atividades que requeiram o compromisso ativo dos participantes. Essa há de ser, precisamente, uma das funções características do animador e da animadora sociocultural com respeito ao grupo, para e com o qual trabalha: a *criação ou facilitação de contextos de participação estimulantes, atrativos e fecundos*.

Junto a essa importante tarefa, os animadores também deverão conhecer os *fatores e métodos* que os estudos em aprendizado atitudinal descobriram como *favorecedores da mudança e assimilação de atitudes favoráveis a participar*[12]. Na sequência, selecionarei aqueles que considero mais úteis e próprios para a ASC:

---

[12] Jesús María Nieto Gil, *op. cit.*; Artur Parcerisa, *op. cit.*

> *Sentimento de autodeterminação*: enraizado numa das necessidades humanas básicas como é o desejo de êxito ou o afã de superação. Enquanto a meta última da animação é a auto-organização individual e coletiva, a tarefa do animador para gerar essa atitude é a de infundir confiança no resto dos membros do grupo e entre eles próprios e a de ser um provocador e gerador de desafios que resultem atrativos para o grupo. Esse fator está muito relacionado com a função possibilitadora ou relacional (*animus*) da animação, à qual já me referi em outros momentos[13], essa atitude estimulante e provocadora que todo bom animador há de exercer em relação ao grupo.

> *Consciência das próprias capacidades*: nesse sentido, a função do animador será a de facilitar o retorno (*feedback*) para o grupo, ajudando-o a verbalizar seus êxitos, visualizar as metas e equilibrar os desafios com seus limites e possibilidades.

> *Estabelecimento de um marco social de aprendizado*: em qualquer processo de ASC, o marco social não é uma opção, e sim uma necessidade, seu espaço específico de intervenção, o único contexto em que as pessoas podem aprender a participar, já que isso implica "participar com".

> *Favorecer a participação ativa*: mediante a aplicação do método ativo próprio da animação e das técnicas de participação e desenvolvimento grupal. Para isso, deve-se partir da experiência do próprio grupo e daquelas situações ou conhecimentos já sabidos por seus membros.

> *Desenvolver o sentimento de pertencimento grupal*: através da criação de identidade grupal ou comunitária, o fomento da criação de elementos identitários (lema, bandeirinha, mascote, hino), que em determinadas pedagogias próprias da animação, como a do lazer e tempo livre (especialmente o escotismo) se praticam com êxito há muitas décadas. Isso redunda sem dúvida no incremento da coesão grupal.

> *Liberdade de decisão*: levando em conta que toda proposta de animação é voluntária e se constrói com o respeito a todas as opiniões dos membros do grupo e por intermédio da tomada de decisões coletivas. Isso não quer dizer que se deva abandonar o grupo à sua sorte, e sim que liberdade e provocação, longe de serem incompatíveis, são complementares.

---

[13] Victor J. Ventosa, *Fuentes de la animación sociocultural en Europa*, Madri: Editorial CCS, 2002.

> *Liderança democrática*: a animação sociocultural fomenta um tipo de liderança não só democrática, como também social e compartilhada. Ao descrever as características desse tipo de liderança própria, dedicaremos a ela o último capítulo deste livro, devido às suas características especiais que a fazem distinta das outras lideranças.

Como motivar para a participação

A motivação constitui uma condição decisiva no início e no desencadeamento de qualquer processo participativo: para querer participar, primeiro há que se estar motivado para isso, e as pessoas nem sempre se mostram dispostas a participar de uma sociedade de consumo na qual se estimulam mais atitudes conformistas, consumistas e de passividade. Por isso, a questão capital para os educadores e animadores é *como motivar para a participação nos bairros, nas associações, nos grupos, nos serviços ou instituições e programas socioculturais considerados como recursos básicos da comunidade*.

Para isso, é necessário conhecer o processo básico mediante o qual funciona a motivação humana e que passa, fundamentalmente, por três etapas:

MOTIVAÇÃO ⟶ AÇÃO ⟶ DECISÃO

Segundo as atuais contribuições da psicopedagogia, que José A. Marina resume com clareza em uma de suas últimas publicações[14], a motivação se alimenta do *desejo* (interesse), dos *incentivos* (valor ou atrativo) e dos *facilitadores* (formação, acompanhamento, apoio, recursos etc.):

MOTIVAÇÃO = DESEJO + INCENTIVOS + FACILITADORES

Os desejos básicos de que derivam todas as nossas motivações podem ser resumidos a três[15]:

---

[14] José A. Marina, *Los secretos de la motivación*, Barcelona: Ariel, 2011, p. 28.

[15] Daniel Goleman, *El cerebro y la inteligencia emocional: nuevos descubrimientos*, Barcelona: Ediciones B, 2012; José A. Marina, *op. cit.*

> *Bem-estar*: o desejo de prazer e desfrute (desejo de passar bem, de sentir-se bem).

> *Vinculação socioafetiva*: desejo de querer e de que nos queiram, valorizem ou estimem. Desejo de vinculação ou de pertencimento (ser aceito).

> *Desenvolvimento pessoal através da ação ou obtenção de sucesso* (McClelland): desejo de êxito, também chamado por outros autores de autorrealização (Maslow, Jung), afã de superação, competência e autonomia (Adler, Stipek, Connell), crescimento pessoal e de experiência (Rogers), busca de sentido (Frankl, Maehr), curiosidade exploratória e afã criativo (Osterrieth, Fromm, Starr), vontade e desejo de poder (Hobbes, Nietzsche, Russell, McClelland). Marina trata de integrar todos esses desejos sob a expressão "ampliação de possibilidades do eu" e, embora já esteja esboçado em alguns dos animais mais evoluídos (como os chimpanzés ou os bonobos), talvez seja o impulso mais propriamente humano e mais elevado da evolução, que culmina na busca e na aspiração de transcendência[16].

A ASC traz para esse processo motivacional uma metodologia do ponto de vista dos resultados: adequada e eficaz (sistematizada e generalizável) porque suas práticas dão resposta e satisfação precisamente aos três desejos básicos descritos (desfrute, vinculação e desenvolvimento ativo). Desse modo, os processos de animação conseguem:

> *O desfrute*: através da prática do lazer ativo, do jogo, da diversão e das experiências prazerosas.

> *A vinculação*: num contexto grupal afetivo e emocionalmente intenso (tempo condensado, forte e espaço denso), em contraste com o tempo rotineiro da vida cotidiana.

> *O desenvolvimento ativo*: mediante o compromisso num projeto cultural atraente e liberador das capacidades de seus membros.

Desse modo, o desfrute, a vinculação e o desenvolvimento pessoal são os pilares da satisfação e do bem-estar que produzem a ASC enquanto geradora de "vivências compartilhadas" (com vivência).

---

[16] Victor J. Ventosa, *op.cit.*, 2002.

Além das motivações fundamentais descritas, existem diversas teorias da motivação das quais podemos extrair contribuições úteis e interessantes para desenvolver uma didática da participação[17]:

> *Teoria das Necessidades Humanas*, desenvolvida por Maslow y Glasser, nos indica o papel da necessidade como motor da motivação, fundamentando com isso a importância da análise das necessidades dos destinatários previamente a qualquer processo de participação, tal como se propõe a ASC, cujo ponto inicial é partir dos interesses e necessidades de seus destinatários.

> *Teoria da Equidade*, preconizada por J. Stacey Adams, da qual extraímos como o desejo de receber um tratamento equitativo é uma alavanca potente e mobilizadora de todo ser humano. Disso se deduz a necessidade de abordar os processos de animação grupal a partir de um estilo democrático e inclusivo por parte do animador, levando em conta os interesses e as capacidades de todos os membros do grupo, para que todos se sintam correspondidos e valorizados na hora de iniciar um processo participativo, na medida de suas capacidades e possibilidades.

> *Teoria do Ganho*, de David McClelland, completada por John Atkinson, nos indica que uma das motivações fundamentais que move as pessoas é o desejo de conseguir o máximo rendimento na hora de abordar uma tarefa ou habilidade que requeira um nível de excelência, minimizando, por sua vez, o risco ou o temor do fracasso. Por isso, um bom educador e profissional da ASC deverá sugerir ao grupo qualquer processo participativo como um desafio ou meta progressiva em torno de um projeto a conquistar, classificando sua realização a partir de fases e metas de fácil consecução até as mais ambiciosas ou exigentes, para facilitar desde o princípio a sensação de êxito, minimizando os possíveis fracassos. Podemos pautar e protocolar essa graduação por intermédio do que chamarei, mais adiante, de graus ou níveis de participação.

> *Teoria das Expectativas*, criada por Victor Vroom, fundamenta o grau de motivação no desejo de alcançar uma determinada meta e as expectativas de êxito e de recompensa que se tenham a respeito. Essas expectativas variam de uma pessoa a outra e dependem do grau de confiança pessoal e grupal, assim como das experiências passadas, de seus êxitos e fracassos. Tudo isso nos indica a importância de que os processos de participação associados a um projeto sociocultural estejam

---

[17] Jesús María Nieto Gil, *op. cit.*; José A. Marina, *op. cit.*

acompanhados de um processo de animação grupal, no qual o animador inspire e gere, por sua vez, confiança e respeito no grupo, assim como que o referido processo seja gradual quanto aos níveis de participação e de conquista exigidos, de tal maneira que as primeiras atividades e tarefas sejam gratificantes e fáceis de conseguir, para que produzam sensação de sucesso, reforçando e fortalecendo desse modo as expectativas dos participantes. Isso o animador poderá facilitar maximizando os êxitos, por pequenos que sejam, e minimizando os fracassos.

> *Teoria das Atribuições de Êxito e Fracasso* de Weiner explica como as motivações de cada pessoa estão relacionadas com as atribuições que ela tenha no êxito e no fracasso de suas condutas, de tal maneira que as atribuições positivas reforçam a motivação, desde que o sujeito confie em seu possível êxito, e as negativas desmotivam, se o sujeito tiver medo do fracasso por falta de confiança nas possibilidades de sucesso. Daqui deriva a importância, para os animadores e animadoras socioculturais, de conhecer o "*locus* de controle" dos membros de seu grupo, para oferecer incentivos tanto externos (prestígio, valorização externa, opiniões positivas) como internos (pudor pessoal, autoestima, desafio) na hora de participar, a fim de que cheguem aos que tendem a atribuir seus êxitos e fracassos tanto a causas externas (*locus* de controle externo), como internas (*locus* de controle interno). Na hora de trabalhar em grupo, dadas as diferenças existentes entre seus diversos membros, o melhor é administrar os incentivos de um tipo e de outro, de maneira que alcancem a todos.

Variáveis da motivação

Diferentes investigações[18] confirmaram que existe uma série de fatores que influi na motivação humana, alguns dos quais vou destacar em seguida, por sua relação com nosso tema:

> *Autoconceito*: a imagem que cada um tem de si mesmo, resultante do que pensamos que somos, do que pensamos que podemos chegar a ser e do que pensamos que os outros pensam de nós. O autoconceito, portanto, não é algo inato, e sim algo que se vai aprendendo ao longo de nossa vida, através das experiências de sucesso e fracasso que vamos tendo na interação com os demais e com os resultados que vamos conseguindo nesse processo, assim como do modo como os assimilamos. É importante levar em conta essa imagem que alguém tem de si mesmo em qualquer processo motivacional, pois condiciona o seu

---

[18] Jesús María Nieto Gil, *op. cit.*

aprendizado e o seu grau de confiança e segurança em si mesmo na hora de se engajar ou de participar de qualquer ação ou projeto. De um melhor ou pior autoconceito que se tenha dependerá *sua autoestima*, que é o mais alto grau de confiança e de respeito que possui cada sujeito para consigo mesmo. Logo, o animador deverá conhecer esse conceito e saber geri-lo bem, de maneira que suas primeiras ações, na fase inicial de interação com o grupo, deverão ser dirigidas para inspirar confiança e segurança em seus membros, especialmente nos que mais podem necessitar. Nisso consiste uma das principais funções do animador: levar confiança aos sujeitos nas próprias capacidades para conseguir algo que o grupo se proponha a realizar, tendo em conta o que se resume no seguinte esquema:

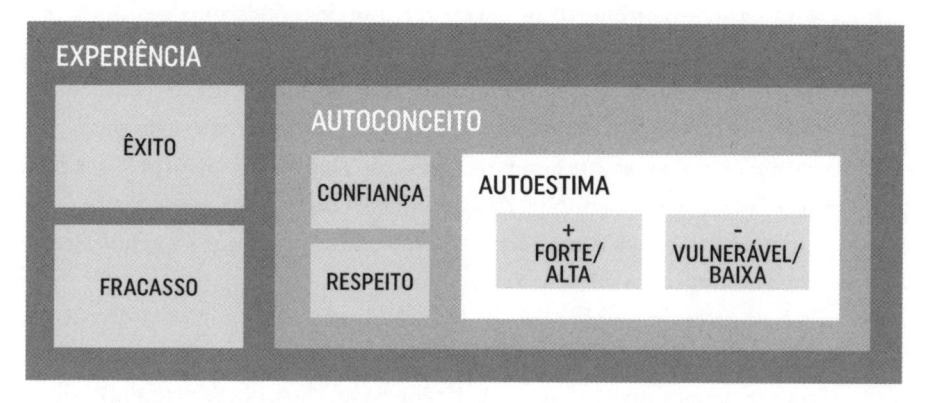

EXPERIÊNCIA
- ÊXITO
- FRACASSO

AUTOCONCEITO
- CONFIANÇA
- RESPEITO

AUTOESTIMA
- \+ FORTE/ ALTA
- − VULNERÁVEL/ BAIXA

> *Proporcionalidade percebida*: a proposta que surge de um processo de animação para ensinar um grupo de pessoas a participar deve ser por elas percebida como interessante ou merecedora de atenção, e isso só se conseguirá à medida que seja tida como uma meta ou desafio cujo esforço requerido (variável interna) é recompensado por seu resultado (variável externa). Portanto, as propostas devem ser equilibradas e realistas.

> *Clareza de objetivos a alcançar*: boa parte do êxito das variáveis anteriores dependerá da clareza e da precisão dos objetivos a alcançar. Essa clareza inicial motivará o grupo desde que, além disso, sejam interessantes e realistas, evitando levantar falsas expectativas e frustrações devidas a mal-entendidos.

> *Estratégias de motivação*: as estratégias que podemos utilizar para facilitar a motivação podem ser dividas em estratégias externas, ou centradas no efeito a conseguir, e estratégias internas, ou centradas no próprio animador.

Externas ou centradas na animação:

✓ Recompensar a participação: material (prêmios), pessoal (reforços afetivos) ou socialmente (reconhecimento).
✓ Mudar e inovar os conteúdos ou as ações participativas de maneira que resultem atrativos.
✓ Decidir entre todas as atividades ou projetos a realizar, a partir dos interesses dos membros do grupo.

Internas ou centradas no animador:

✓ O estilo e a atitude do animador será um dos condicionantes decisivos na hora de animar a participar. Seu entusiasmo, credibilidade, sinceridade e a maneira atrativa de propor as ações em forma de desafios ou jogos será determinante na hora de ganhar a confiança do grupo.
✓ Iniciar o processo de aprendizagem com algo chocante ou provocador: pergunta, ação, desenho ou imagem impactante, pensamento etc.
✓ Sugerir um problema cotidiano no princípio do processo de aprendizagem.
✓ Criar uma atmosfera relaxada e dialógica.
✓ Incentivar os membros do grupo a proporem perguntas ou problemas.
✓ Introduzir no discurso elementos contraditórios, incongruentes, desconcertantes, novos, surpreendentes ou complexos. Nesse sentido, é como se o animador fosse um *provocador*, e a provocação, um recurso didático do animador.
✓ Criar enredo ou expectativas, deixando questões e interrogações em suspenso ou pendentes até o final.

Como síntese de tudo o que foi dito a respeito desse parágrafo, podemos afirmar que sem motivação e sem emoção (ou desejo) não há aprendizado[19]. Nesse sentido, a ASC é uma didática da participação porque ela própria contém uma metodologia da motivação. Uma estratégia motivacional baseada na provocação a desenvolver projetos atrativos e estimulantes para um determinado grupo, que pressuponham desafios interessantes para seus membros, que os levem a liberar suas próprias potencialidades e a ampliar suas possibilidades criativas e de organização tanto individuais como coletivas.

---

[19] Francisco Mora, *Neuroeducación*, Madri: Alianza Editorial, 2013.

Contribuições neurocientíficas e da psicologia positiva ao estudo da motivação

Avanços recentes da neurociência vinculam a motivação às áreas cerebrais da emoção e do movimento, concretamente no córtex pré-frontal esquerdo[20]. A motivação, por um lado, é *o que nos move ou nos impulsiona a fazer algo* e, por outro, *é o que nos emociona e nos faz sentir bem*.

Significativamente, essas duas dimensões da motivação coincidem com as duas dimensões da animação: o *animus* é o impulso, a função relacional, o que nos move ou mobiliza, e a *anima* é a emoção, a função produtiva, o objetivo em direção ao qual nos mobilizamos. Desse modo, comprovamos como a ASC contém em seu próprio conceito e funções principais os fatores que a fazem uma metodologia motivadora eficaz:

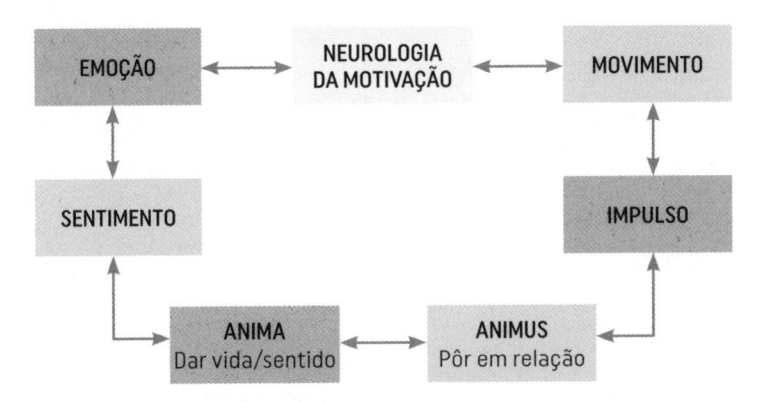

```
         EMOÇÃO  <--->  NEUROLOGIA  <--->  MOVIMENTO
            ↕          DA MOTIVAÇÃO           ↕
       SENTIMENTO                          IMPULSO
            ↕                                 ↕
          ANIMA      <--->      ANIMUS
      Dar vida/sentido         Pôr em relação
```

O animador, nesse sentido, é um gestor das emoções positivas dos demais, um facilitador de espaços e de tempos emocionalmente intensos e positivos, que propõe e dispõe os meios para gerar *experiências densas*, nas quais encontrar esse estado que Csikszentmihalyi[21] chama de "estado de fluxo" e que lhe serve para explicar e caracterizar a experiência de felicidade.

Nesse sentido, as investigações de Csikszentmihalyi nos explicam como, para manter uma experiência ótima de felicidade, identificada com o que denomina fluxo ou fluidez, é necessário manter o interesse e a motivação pela ação escolhida, de maneira que se guarde um equilíbrio entre sua complexidade e a capacidade dos participantes em executá-la. Desse modo, a motivação se ativa à medida que o projeto sociocultural em execução mantenha a tensão entre sua dificuldade desafiante e sua viabilidade ou factibilidade. Por fim, a força motivadora de um projeto de animação há de caminhar entre a complexidade e

---

[20] Daniel Goleman, *op. cit.*

[21] Mihaly Csikszentmihalyi, *Fluir (flow): una psicología de la felicidad*, Barcelona: Kairós, 2010.

a factibilidade, mas sem chegar a cair em nenhum dos dois extremos, dado que sua excessiva dificuldade provocaria ansiedade e frustração, do mesmo modo que a excessiva facilidade desencadearia enfado.

Algo que podemos visualizar através do seguinte gráfico, que nos indica o ponto de equilíbrio a ser conquistado para se chegar ao nível ótimo de motivação:

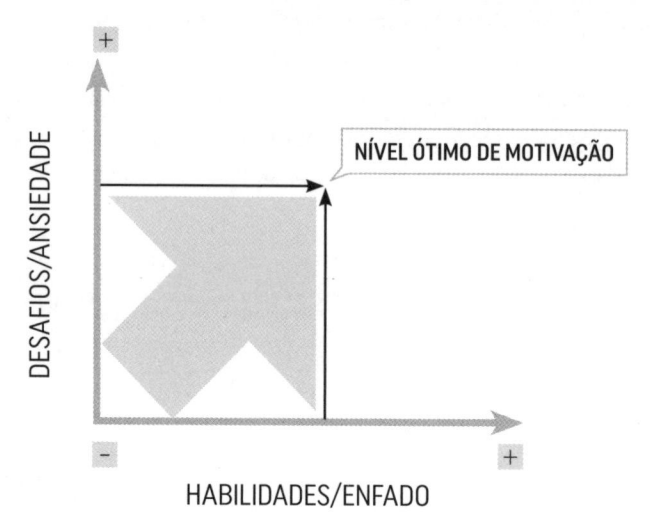

3.3. DIMENSÃO SOCIOEDUCATIVA DA PARTICIPAÇÃO

É de todos conhecida a dimensão social do ser humano, que até agora se entendia como resultado ou produto de sua inteligência. No entanto, novas investigações a respeito invertem essa relação causa-efeito, concluindo exatamente o contrário: é a sociabilidade humana que faz o desenvolvimento da inteligência[22] e, portanto, que nos habilita biologicamente para a cooperação e a participação. Mas essa capacidade só passará de potência a ato se se desenvolver num ambiente sociocultural apropriado, no qual os sujeitos possam assimilar, mediante aprendizado, os procedimentos próprios da participação, exercitando-os em diversos contextos, em interação com os demais.

Por isso, esse aprendizado exige um contexto ou espaço social adequado (basicamente democrático, que permita a participação e que poderíamos chamar de *"meio ou hardware participativo"*) e uma cultura participativa (que valorize e fomente a participação, oferecendo conteúdos dos quais participar, e que, de maneira correlativa, chamaríamos de *"aplicações ou software participativo"*).

---

[22] Michael S. Gazzaniga, *¿Qué nos hace humanos: La explicación científica de nuestra singularidad como especie?*, Madri: Paidós, 2010.

Essa dimensão sociocultural da participação deve ser assimilada e internalizada por meio do aprendizado social ou socialização. Algo de que se encarrega a educação social em geral e a ASC em especial, quando essa socialização afeta concretamente a participação.

Daí minha insistência em considerar a ASC como essa didática que ensina a participar da cultura para fomentar uma cultura da participação[23]. Porque uma cultura da participação supõe uma educação para a participação até o ponto em que podemos definir a animação sociocultural como:

> *Esse processo dirigido a desenvolver a cultura da participação através da participação na cultura.*

Para conseguir essa meta é necessário um processo de intervenção em diferentes instâncias e instituições educativas. Tais instâncias podem ser agrupadas a partir das três categorias já clássicas que, embora não sejam compartimentos estanques nem inteiramente definidos, podem nos ajudar a descrevê-las e delimitá-las.

Os âmbitos educativos da participação
1. *Educação formal*: não há dúvida de que o sistema escolar – do Ensino Fundamental à universidade – constitui uma das instâncias de educação mais influentes e eficazes na hora de educar para a participação. Para isso, o caminho não é outro senão o de participar na educação, porque – e ainda que pareça um truísmo – se aprende a participar participando, e não tanto com discursos ou lições sobre participação. Porém, como apontam diferentes autores, "a participação e os processos de interação entre iguais têm sido frequentemente esquecidos no processo de ensino-aprendizado, dada a primazia concedida aos aspectos cognitivos e de rendimento"[24]. Quando muito, a participação como estratégia didática a serviço do ensino foi considerada atividade extraescolar, geralmente desconectada dos objetivos e interesses da sala de aula. Entretanto, nós, que temos dedicado tempo e esforço para o desenvolvimento e a implementação de métodos ativos e técnicas de participação aplicados à sala de aula[25], comprovamos como os resultados são consistentes com a investigação empírica existente a respeito, coincidindo

---

[23] Victor J. Ventosa, *op. cit.*, 2002.

[24] Gonzalo Marrero Rodríguez, *et. al.*, "Dinámica de grupos y participación", em Antonio Lucas Marín e Angela García Cabrera (orgs.) *Formación para la participación ciudadana*, Buenos Aires: Editorial Lumen, 2001, p. 51.

[25] Victor J. Ventosa, *op. cit.*, 2004.

com uma série de conclusões que ressaltam a importância e a eficácia da participação em contextos escolares[26]:

» A participação dos alunos e a melhoria de suas relações são decisivas para o êxito dos objetivos educativos (tanto os socioafetivos como os instrumentais e de conteúdo). As contribuições das neurociências nos explicam o porquê dessa relação: todo aprendizado é mediado emocionalmente[27].

» Investigações realizadas demonstraram que o uso de estratégias de tipo cooperativo permite a melhoria do rendimento acadêmico em termos de capacidade cognitiva, crítica e de autoestima, desenvolvendo, além disso, a motivação intrínseca perante o estudo e a disposição positiva ante a escola, as matérias e os professores, aumentando finalmente a aceitação dos próprios companheiros, especialmente dos menos capazes e segregados.

» A organização cooperativa das atividades escolares parece ter efeitos mais favoráveis sobre o aprendizado do que a organização competitiva ou individualista.

2. *Educação não formal*: aqui, temos que sublinhar, além da função fundamental da família, o papel decisivo que cumprem, numa educação para a participação, o associativismo (especialmente as associações juvenis e os movimentos infantojuvenis de tempo livre) e os serviços e programas de animação infantil e juvenil desenvolvidos tanto em instituições públicas (especialmente nas prefeituras) quanto privadas (centros juvenis, casas de juventude e demais equipamentos de lazer e tempo livre). A importância desses espaços educativos não formais é tal que a educação não formal é o espaço mais característico da animação sociocultural e seus domínios se converteram em autênticos laboratórios geradores de inovação educativa e, de maneira crescente, vão sendo transferidos para os espaços formais da escola.

3. *Educação informal*: finalmente, dentro dos espaços com potencialidade especial (ainda que sem intencionalidade) educativa no fomento da participação, temos de destacar os meios de comunicação que, com sua crescente expansão,

---

[26] Gonzalo Marrero Rodríguez, *op. cit.*

[27] Francisco Mora, *op. cit.*

vêm há anos incrementando nossa informação e, com ela, expandindo nossa experiência mediada, multiplicando exponencialmente nossa capacidade de empatia, por força de nos depararmos dia a dia, minuto a minuto, com experiências, acontecimentos e fatos díspares e alheios. Essa constante e progressiva exposição midiática está contribuindo para configurar uma nova pessoalidade humana instalada na mudança, na incerteza e no risco como traços normais e característicos de uma realidade social perante a qual é necessário reagir com maiores cotas de participação para poder fazer-lhe frente de maneira eficaz.

A ASC, do ponto de vista dos processos, rege-se por uma série de princípios normativos, extraídos da prática em múltiplos e variados contextos, entre os quais vou destacar os seguintes:

> Há que se dar sempre uma *relação inversamente proporcional entre o nível de presença e desenvolvimento da instância animadora e o grau de maturidade do grupo destinatário*. De tal forma que, à medida que os grupos se vão consolidando como tais e se vão comprometendo no projeto, a organização ou instância promotora deve saber retirar, progressiva e correlativamente, seu apoio e presença. Eu denomino esse processo de "gráfico de desenvolvimento grupal"[28]:

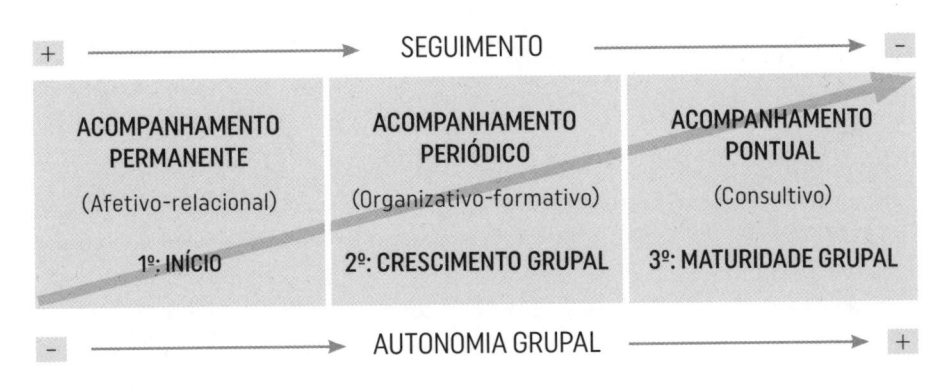

+ ─────→	SEGUIMENTO	─────→ −
ACOMPANHAMENTO PERMANENTE (Afetivo-relacional) 1º: INÍCIO	ACOMPANHAMENTO PERIÓDICO (Organizativo-formativo) 2º: CRESCIMENTO GRUPAL	ACOMPANHAMENTO PONTUAL (Consultivo) 3º: MATURIDADE GRUPAL
− ─────→	AUTONOMIA GRUPAL	─────→ +

> *A participação forma parte do comportamento humano enquanto habilidade social* e, por isso, é *aperfeiçoável*, mas, por ser um aprendizado social, *requer os demais* para sua assimilação e desenvolvimento. Essa ajuda externa ocorre por duas vias: a do *grupo* (que traz o contexto e o conteúdo do aprendizado) e a do *animador do grupo* (que traz a metodologia ou forma de aprendizado).

---

[28] Victor J. Ventosa, *op. cit.*, 2004, p. 102.

> Por isso, se quisermos uma ASC eficaz, não bastam os discursos retóricos e desiderativos, as exortações bem-intencionadas ou as meras declarações de intenções. Sem um conhecimento dos princípios e da metodologia adequada para educar na participação, as pretensões dos que queiram desenvolvê-la permanecerão nas boas intenções, quando não em pura demagogia[29].

> Em todo processo inicial de participação, é de vital importância *partir dos interesses e propostas dos próprios destinatários*, ainda que, em princípio, não coincidam expressamente com os objetivos da equipe ou da instituição educativa, ou com as necessidades detectadas. Na ASC – também o afirmei muitas vezes – o importante não é de onde se parte, e sim aonde queremos chegar. Haverá tempo durante esse percurso para ir abrindo os caminhos.

> *A animação para a participação deve ser gradual.* Um grupo não pode passar repentinamente de nenhuma para a total participação, sob pena de se ver constrangido com responsabilidades que ainda não está preparado para assumir e que terminarão seguramente em fracasso.

Essa última característica nos leva à terceira e última *dimensão* da participação aqui descrita, a dimensão social e suas etapas e estruturas graduais de aplicação.

A dimensão social da participação e suas estratégias: etapas ou níveis

A participação não é algo unívoco, nem imediato, pontual ou conquistado de maneira instantânea, mas é gradual e contextual e, por isso, requer um *processo ou estratégia* que se identifica com o próprio processo da animação, devendo-se cobrir uma série de etapas, que eu prefiro chamar de níveis ou graus de participação, para ressaltar o caráter progressivo, não discreto da participação, em função da exigência e da complexidade crescente[30].

Esse processo, embora o descreva de forma progressiva, não quer dizer que esteja obrigado a se completar necessariamente em todas e cada uma de suas fases, de maneira que, se não se chegar ao último grau de participação, o processo ficaria truncado ou incompleto. Isso é assim, desde o momento em que os níveis participativos podem ser dados pelos requisitos contextuais ou institucionais que os determinam e justificam, de modo que, chegado ao nível pretendido, o processo se finalize ao ter alcançado o objetivo esperado.

---

[29] Manuel Sanchez Alonso, *La participación: metodología y práctica*, Madri. Popular, 1991.
[30] Victor J. Ventosa, *Desarrollo y evaluación de proyectos socioculturales*, Madri: Editorial CCS, 2001.

1. Informação

Corresponde ao primeiro grau de participação e coincide com a informação prévia que se há de oferecer ao grupo sobre os propósitos da entidade/associação e as características do projeto que se quer oferecer.

Com essa primeira etapa, estamos diante de uma participação inicial e meramente receptiva. No entanto, já requer um mínimo de interesse, inquietude, receptividade e atenção por parte dos participantes. Esse primeiro momento se pode abordar através de campanhas publicitárias, sessões informativas, festas de acolhida e convocações públicas em diversos suportes e formatos mais tradicionais (cartazes, folhetos, rádio, televisão local, assembleias ou reuniões informativas) ou mais modernos (redes sociais, listas de e-mail, grupos de *chat* etc.).

2. Análise

Após sererem informados, os destinatários recebem a proposta e *se dispõem para o debate*. A participação nessa fase alcança uma maior intensidade sem deixar de ser receptiva, já que implica, além da recepção dos dados, na reflexão sobre eles antes de sua análise e elaboração. Atividades e técnicas apropriadas para tal fim podem ser a previsão de resistências e barreiras, a observação externa e sondagens consultivas à população.

3. Valorização

A partir da análise, o coletivo *se manifesta por meio de seus grupos* e representantes locais, *aceitando e analisando criticamente as propostas* e o projeto da organização convocante. A partir daqui, a participação deixa de ser *passiva* ou meramente receptiva, para iniciar um segundo nível de participação *ativa* em que a população traz suas ideias e opiniões para o projeto, através de seus grupos ou coletivos mais representativos. A participação resultante nesse nível requer um comprometimento pessoal maior, não só do ponto de vista reflexivo, mas conativo. Essa fase pode ser realizada por meio de pesquisas de opinião, debates, reuniões de discussão e enquetes participantes.

4. Iniciativa

Depois de uma avaliação inicial positiva do projeto, é o momento de passar de uma participação reagente e receptiva a uma participação proativa, em que se *propõem ações e trazem ideias concretas* para assumir, melhorar e adaptar a proposta inicial às necessidades, interesses e idiossincrasias da população. Inicia-se, dessa forma, o processo de apropriação do projeto por parte de seus destinatários. Entre as ações mais adequadas para esse nível, podemos assinalar as sessões de *brainstorming* (literalmente, tempestade de ideias ou cerebral), técnica de grupo nominal, ou os encontros e jornadas intergrupais ou interassociativos.

5. Compromisso
Com essa fase se entra no nível mais avançado da participação. Nela, o grupo de jovens *assume uma série de compromissos concretos para envolver-se no desenvolvimento do projeto*. Tais compromissos têm, por sua vez, diferentes graus em virtude do nível de funções e tarefas assumidas:

> 5.1. – *Apoio e colaboração* para o projeto, mediante a assistência pontual ou extraordinária a reuniões e comissões de trabalho.
>
> 5.2. – *Cooperação*, mediante fórmulas de corresponsabilidade entre a instituição e a população: estabelecimento de acordos conjuntos, divisão de funções, tarefas ou de áreas concretas do projeto.
>
> 5.3. – *Gestão delegada* do projeto por parte dos grupos destinatários, sem perder o vínculo e a tutela da organização, mediante a assinatura de algum convênio ou acordo formal entre a instituição e os coletivos ou associações encarregados de sua gestão.
>
> 5.4. – *Gestão autônoma ou autogestão* do projeto por parte de uma sociedade constituída para tal fim (associação, cooperativa, microempresa) dentre os grupos locais participantes. Essa etapa constitui a culminação de todo o processo, coincidente com o auge do processo participativo e, portanto, com a meta última de sua principal metodologia: a animação sociocultural.

Embora esta última etapa coincida com a meta última da ASC, raras vezes se pode chegar a ela, dado que é um processo que requer uma série de condições temporais e contextuais que limitam e dificultam seu êxito. Essas circunstâncias se evidenciam especialmente em contextos de animação temporalmente efêmeros e institucionalmente pouco estáveis ou dirigidos a setores populacionais voláteis e com muita mobilidade, como no caso dos jovens, estudantes ou imigrantes.

Por fim, é o contexto social de intervenção o que terminará fixando a meta de cada processo participativo, determinando em que nível de participação se quer ou se pode chegar.

Como síntese de todo esse processo, apresento a seguir um esquema com suas principais informações:

GRAUS OU NÍVEIS DE PARTICIPAÇÃO SOCIAL

GRAUS/NÍVEIS		PARTICIPAÇÃO	CARACTERÍSTICAS	ATUAÇÕES
1ª ETAPA INFORMATIVA		INFORMAÇÃO	Informa-se o projeto à comunidade	Campanhas de publicidade, sessões informativas.
2ª ETAPA CONSULTIVA		ANÁLISE	A população, informada, recebe e estuda o projeto	Previsão de barreiras e de resistências, sondagens.
		VALORIZAÇÃO	A população aceita e avalia criticamente o projeto	Enquetes de opinião, debates, assembleias.
		INICIATIVA	A população propõe ações e traz ideias através de seus grupos	*Brainstorming*, grupo nominal, encontros.
3ª ETAPA DECISIVA	COMPROMISSO	APOIO	As comunidades locais colaboram conjunturalmente com o projeto	Assistência pontual ou extraordinária a reuniões e comissões de trabalho.
		COOPERAÇÃO	Os grupos cooperam de maneira corresponsável com a organização no projeto	Estabelecimento de acordos, repartição de funções e tarefas.
4ª ETAPA EXECUTIVA		GESTÃO/ DELEGAÇÃO	Os grupos gerem o projeto sob tutela e supervisão da organização promotora	Assinatura de convênio de gestão entre a organização e os grupos
		AUTOGESTÃO	Gestão autônoma do projeto por grupos locais constituídos em sociedade	Constituição de cooperativas, microempresas, associações.

No entanto, todo esse processo, aparentemente simples, é lento, difícil e frágil. Por isso, requer acompanhamento e apoio etapa a etapa, tal como já assinalamos, por parte do animador desse duplo processo, que torna possível a participação do grupo e que é intrínseco ao duplo sentido da animação:

> O processo *ou dimensão relacional* (*animus* = pôr em relação) orientado para a integração do indivíduo na vida de um grupo ou comunidade.

> O processo *produtivo ou de rendimento* (*anima* = dar vida, sentido) orientado para o engajamento de cada um num projeto coletivo livremente escolhido.

Desse modo, a missão do animador sociocultural pode ser sintetizada nessa dupla função: a **relacional** (ajudar a que os participantes se sintam integrados num grupo ou contexto determinado) e a **produtiva** (organizativa), facilitadora de sentido por intermédio da ação em torno de um projeto ou tarefa capaz de despertar a imaginação e engajar todo o grupo na transformação de sua realidade e de seu ambiente.

A função relacional da animação responde aos dois primeiros desejos básicos que mobilizam e motivam a ser humano: o de bem-estar e o de vinculação socioafetiva. Enquanto a função produtiva atende ao terceiro deles: o de desenvolvimento através da ação.

Em síntese, portanto, podemos afirmar que a missão última do animador sociocultural é a de criar as condições para que cada ser humano consiga viver uma experiência **prazerosa** (desejo de bem-estar), **socioafetivamente vinculante** (desejo de vínculo socioafetivo) e **de êxito** (desejo de desenvolvimento através da ação), mediante seu comprometimento ativo na realização de um determinado projeto sociocultural.

Essa tarefa, em que pese ser profundamente educativa, se diferencia da tarefa docente e estritamente escolar. Já que, enquanto esta se centra em inculcar e introduzir de fora para dentro conhecimentos no aluno, a animação, de maneira inversa, e ainda que complementar, pretende extrair suas potencialidades para convertê-las em ato compartilhado (projeto), transformador e veículo de melhoria social. Nesse sentido, o animador é um descobridor de talentos, um *coaching* social enquanto criador de contextos estimulantes e adequados, com o objetivo último de conseguir o que David Shenk denomina "experiências de êxito merecido". Esse é o autêntico prêmio que se há de conseguir ao participar, a *experiência de êxito* que nos levou a todos, alguma vez, a exclamar: conseguimos! Experiência a que todo ser humano tem direito e à qual a animação sociocultural e seus agentes devem consagrar-se, porque quem chega a sentir essa experiência, sem dúvida a quererá prolongar e repetir, e então será esse o momento em que se iniciará o caminho do desenvolvimento de sua comunidade através da participação, o caminho da transformação social através da animação.

3.4. CONTRIBUIÇÕES DE OUTRAS CIÊNCIAS

Em síntese, os postulados por meio dos quais nos aproximamos do estudo e da fundamentação da participação podem ser resumidos nos seguintes pressupostos:

> Partimos da consideração da ASC como uma didática da participação que procura ensinar a participar mediante a prática grupal de atividades socioculturais de seu interesse.

> A participação é a condição básica da democracia material (não só formal = delegação).

> O fato de que a participação requeira ser exercitada para poder ser aprendida nos situa ante a necessidade de considerá-la como um aprendizado de tipo procedimental e social, e, portanto, como um aprendizado ativo e grupal: só se aprende a participar participando. Diante disso, a ASC surge como um modelo de aprendizado ativo para que as pessoas aprendam a participar em grupo, mediante o desenvolvimento de projetos socioculturais livremente escolhidos por eles e destinados a melhorar a qualidade de vida de sua comunidade. Isso nos permitirá definir seu objeto: ensinar a participar. Pondo desse modo suas bases, pode-se fundamentar essa disciplina tanto do ponto de vista científico como formativo e profissional.

Logo, a participação é algo valioso ou desejável, seja em si mesma, seja pelos benefícios que carrega. Por isso, discordo de quem sugere ser a participação tão somente um meio[31]. Na realidade, podemos entender a participação com uma dimensão dupla:

> *Dimensão instrumental*: entende a participação como *participar para algo*. Nessa perspectiva, pomos a ênfase no *para quê* da participação. Desse modo, entendemos a participação como um meio para conseguir determinados fins. O que importa, em definitivo, não é tanto a participação como tal, mas sua finalidade.

> *Dimensão finalista*: sob esse enfoque, consideramos a participação como algo valioso em si mesmo, algo digno de apreço. Nesse caso, a ênfase se põe na participação como um valor objetivo, antropologicamente consubstancial à natureza de um ser humano livre, autônomo e responsável, ou seja, como um fim em si mesma.

Aplicando essa distinção ao âmbito socioeducativo, o primeiro enfoque implica utilizar a participação como uma metodologia útil e eficaz de trabalho com grupos, seja para fins associativos, formativos ou socializadores, entre outros. A segunda perspectiva nos leva a considerar a participação como um valor em si

---

[31] Pere Soler (coord.), *L'animació sociocultural: una estrategia pel desenvolupament i l'empoderament de comuntats*, Barcelona: UOC, 2011, p. 40.

mesma e, portanto, trabalhá-la com programas nos quais o objetivo fundamental seja educar na participação.

Mas identificar a participação com um valor (instrumental ou finalista) não significa que justifiquemos sua existência com base num ato de fé, num mero postulado voluntarista, irracional ou mágico. Algo que, muitas e muitas vezes, termina convertendo essa palavra obrigatória e onipresente em qualquer programa institucional ou discurso político com que se depare. Em troca, o que já não é tão comum, é considerar a participação não só desejável por razões éticas ou educativas, como também, e sobretudo, por razões científicas. Mais ainda, eu diria que a participação é valiosa e desejável precisamente porque ciências como a biologia, a antropologia ou a sociologia nos demonstraram, com seus avanços mais atuais, que a participação social é uma necessidade biológica e fundamental para um bom funcionamento da sociedade. E isso pode ser constatado com as contribuições científicas de diferentes disciplinas[32]:

> *Da psicologia social*: a teoria do grupo de referência de Merton demonstrou que os seres humanos sofrem insatisfação não só com as privações, mas também quando se acham em condições ostensivamente piores do que seus vizinhos, sendo tal sofrimento maior quanto maior for a desigualdade experimentada. A consistência dessa teoria encontra-se hoje em dia em nossas próprias fronteiras e na crescente onda de imigrantes procedentes da África, uma patente, patética e *patérica* demonstração. (Quero advertir que a semelhança desses adjetivos não é apenas formal ou fonética – um mero jogo de palavras –, mas também etimológica: *patera* vem da palavra latina *pátera*, uma espécie de recipiente pouco fundo – segundo María Moliner – utilizado na Antiguidade para os sacrifícios pagãos, com a finalidade de conseguir o beneplácito dos deuses. Não poderia haver termo melhor, portanto, para denominar essas páteras que continuamente chegam a nossas costas e em que se imolam as vítimas propiciatórias de um mundo injusto ante o altar do deus do progresso, com a esperança de conseguir seu beneplácito.)

> *Da sociologia*: demonstrou igualmente que o incremento da participação e da integração cidadã aumentam a coesão social, na mesma medida em que o crescimento da exclusão social a diminui.

> *Da ciência política*: também *constatou* que as sociedades divididas e desiguais são turbulentas e instáveis, tanto do ponto de vista político quanto social.

---

[32] Mario Bunge, *Emergencia y convergencia*, Buenos Aires: Gedisa, 2004.

Recentes estudos demonstram que os índices de felicidade aumentam em função do maior grau de participação individual dos cidadãos nas tarefas sociopolíticas de sua comunidade, uma proporção três vezes maior do que a causada pelo aumento da renda[33].

› Mas os dados mais evidentes e novos da dimensão sociogrupal do ser humano nos são trazidos pela *biologia* e pelos registros arqueológicos achados no passado evolutivo do ser humano[34]. Graças a isso, pode-se afirmar que o grupo é uma emergência no processo evolutivo do ser humano, que surge como uma necessidade perante três características determinantes no processo de hominização[35]:

» o bipedalismo;
» a dificuldade progressiva do parto;
» a imaturidade das crias.

Tais características, cada uma à sua maneira, contribuíram para o nascimento do grupo como estrutura emergente, em resposta a uma série de necessidades desencadeadas ao longo do processo evolutivo dos hominídeos.

E, assim, a conquista do bipedalismo supôs, em seu momento, uma autêntica conquista de liberdade de ação e de interação, ao permitir a liberação das extremidades dianteiras para o desenvolvimento da primeira tecnologia consistente na fabricação de ferramentas e de utensílios. Ao mesmo tempo, o bipedalismo fez passar da proteção outorgada pela selva e pelas árvores à vulnerabilidade da savana, onde a visibilidade era maior e a fuga em duas extremidades mais lenta do que em quatro. Isso obrigava a agrupar-se para poder sobreviver.

Ao mesmo tempo, o bipedalismo aumentou a dificuldade do parto, o que incrementava mais ainda a vulnerabilidade, levando a buscar nos outros a necessidade de proteção.

Por último, à medida que aumentava a dimensão social dos hominídeos para atender a todas essas necessidades, se fazia necessário um "útero social" posterior ao útero biológico materno, do qual derivou uma imaturidade das

---

[33] Eduardo Punset, *Viaje a las emociones*, Barcelona: Destino, 2011.
[34] Isabel Sanfeliu e Marta Sainz de la Maza (coords.), *Del origen de la vida a la emergencia del psiquismo*, Madri: Biblioteca Nueva, 2012.
[35] Nicolás Caparrós, "La evolución como telón de fondo", em Isabel Sanfeliu e Marta Sainz de la Maza (coords.), *ibidem*, pp. 160-3.

crias ao nascer, que deviam ser protegidas posteriormente e convenientemente acompanhadas em seu processo de aprendizado social, em interação com os demais membros do grupo.

Esse processo de crescimento extrauterino adquire uma especial relevância com respeito ao cérebro, que chega a duplicar durante o primeiro ano de vida, o que faz necessário passar a uma dieta carnívora, de maior valor energético, já que 25% das calorias necessárias para o organismo são consumidas pelo cérebro. Isso obriga à obtenção de alimentos difíceis de caçar, em territórios cada vez mais amplos e expostos a predadores perigosos. Tudo isso acarretou um crescimento do grupo, não só em número, como também em complexidade de relações, estratégias e comunicação.

Todo esse périplo culmina no nascimento do grupo humano, com o aparecimento do *Homo sapiens* para responder a uma série de necessidades associadas a essa espécie, tais como as relações estáveis de casal, a educação da prole e a manutenção de unidades econômicas domésticas.

De tudo isso se deduz que o ser humano é um animal social que necessita da interação grupal para sobreviver, mas não apenas isso.

Os últimos avanços das neurociências também nos trazem uma série de evidências que, além de ratificar a natureza social e colaborativa do ser humano, vão mais adiante, afirmando que a interação grupal não é um traço a mais de sua humanidade, e sim sua própria condição. As pessoas se constroem como tal por intermédio dos demais, quer dizer, mediante o efeito que os outros produzem e através das impressões que cada um forma dos demais[36]. Desse modo, podemos afirmar que a sociedade é o espelho do ser humano, de maneira que vamos configurando nossa identidade e o autoconhecimento a partir do próprio nascimento (mediante evidências demonstradas, como a busca do contato visual e a imitação das expressões faciais do bebê) através do conhecimento dos demais. Malcolm Pines[37] cita as investigações neurobiológicas de W. Freeman para indicar que a estrutura do cérebro humano é intencional e está dotada de uma *criatividade expansiva*, capaz de auto-organizar seu próprio modelamento em interação com o meio. Por fim, e conforme essa teoria, os cérebros se modelam pelo ambiente, que, por sua vez, os desenha como agentes de construção social.

A partir dessas e de outras investigações mais recentes ainda, pela primeira vez podemos afirmar que nos encontramos ante uma fundamentação neurobiológica

---

[36] Malcolm Pines, "Neuronas espejo", em Isabel Sanfeliu e Marta Sainz de la Maza (coords.), *ibidem*.
[37] *Ibidem*, pp. 333-4.

da participação social[38]. Definitivamente, o sujeito humano se constrói na alteridade. Chegamos a nós mesmos por meio das relações com os demais. O grupo, portanto, não é apenas uma forma humana de trabalhar, mas a matriz geradora de sua própria identidade. Por isso, o aprendizado da participação não é uma habilidade social a mais, e sim um meta-aprendizado, a base e a condição de todo aprendizado humano.

António Damasio, em seu último trabalho[39], situa a base neural da cooperação ou da participação social no lóbulo frontal ventromediano. Conforme se demostraram em investigações de simbologia funcional, as estratégias participativas liberam dopamina. A cooperação ativa regiões cerebrais implicadas na liberação de dopamina e no comportamento do prazer, de tal forma que é uma atividade autocompensatória ou, como diría J. Trilla, *autotélica*, assim como o lazer.

Seguindo Damasio, a cooperação nos seres humanos (e igualmente nos mamíferos superiores) é um fenômeno adaptativo do ponto de vista evolutivo, de maneira que possui uma base genética, mas necessita de um "ajuste fino" socioeducativo[40]. Da mesma maneira, a democracia, longe de ser um artifício humano meramente cultural, é uma extensão da busca de equilíbrio da vida (homeostasia) pela sobrevivência e o bem-estar. A democracia, seguindo esse argumento, é uma aspiração natural, fruto do pacto entre a autopreservação da espécie (meta da vida, cuja tradução bíblica estaria no mandamento divino do "crescei e multiplicai-vos"), e o esforço bem-sucedido por consegui-la.

Definitivamente, o cérebro humano está moldado para cooperar com outros. Esse é um dos últimos e mais revolucionários achados da neurociência: a confirmação da predisposição cerebral humana para a cooperação social e a ativação dos mecanismos cerebrais de prazer-recompensa quando aquela é realizada. Portanto, podemos afirmar que a finalidade última da participação é a felicidade e o bem-estar. E esse mecanismo tem sua base num isomorfismo biológico-social: a cooperação social é uma replicação da cooperação cerebral.

A participação como condição de modernização e progresso social:

Se enfocarmos nosso tema a partir da contribuição das atuais ciências sociais, o desenvolvimento da participação foi se tornando complexo com a evolução de

---

[38] António Damasio, *En busca de Spinoza: neurobiología de la emoción y de los sentimientos*, Barcelona: Destino, 2013. Edição brasileira: *Em busca de Espinosa*, São Paulo: Companhia das Letras, 2004.

[39] *Ibidem*, pp.168-9.

[40] *Ibidem*, p.181.

nossas sociedades, até se converter, como diz Del Pino, "em uma das notas que distinguem a modernização como processo de mudança social"[41]. Do processo de modernização que define a nossa sociedade atual, podemos dizer que se caracteriza por três traços fundamentais[42]:

> *A secularização*, mediante a qual assistimos a um progressivo desencantamento do mundo e sua consequente racionalização. A secularização, em definitivo, torna manifesto que o ser humano está sozinho ante o perigo e – utilizando uma expressão de Ortega y Gasset – *tem que se ver com a realidade* que lhe toca viver, sem esperar por *deus ex maquina*, a intervenção de forças externas ou mágicas que lhe venham resgatar ou eximir dessa responsabilidade.

> *A complexidade* progressiva de nossa sociedade supõe uma institucionalização da mudança, do conflito, da incerteza e da produção de informação. Um processo que, por sua vez, exige um aperfeiçoamento dos métodos para governar e gerar consenso, o que passa, finalmente, por um maior e mais extenso envolvimento do cidadão na tomada de decisões perante o que é público.

> *A emancipação progressiva do ser humano* se vai fazendo explícita por meio de novas conquistas, forças e ideologias liberadoras que estendem a permissividade a condutas que até há pouco se chocavam contra valores tidos por incontestáveis e tabus. Esse mesmo processo emancipatório impulsiona em direção a maiores níveis intensivos e extensivos de participação em todas as esferas da vida, não só política como também social, cultural, econômica, educativa, jurídica, laboral ou religiosa.

Vemos, portanto, como todos e cada um desses processos de modernização e progresso social precisam do desenvolvimento da participação dos cidadãos para poder ser implementados. A participação, desse modo, longe de ser moda, capricho ou um desejo mais ou menos ideológico ou voluntarista, se constitui em signo e necessidade de nosso tempo, que necessita de processos de ensino-aprendizado cada vez mais complexos e sistematizados.

---

[41] Juan del Pino, "Educación y participación", em Antonio Lucas e Angela García, *Formación para la participación ciudadana*, Buenos Aires: Lumen-Humánitas, 2001, p. 13.

[42] *Ibidem*, pp. 13-4.

PARTE II
METODOLOGIA E PRÁTICA DA PARTICIPAÇÃO

4. FORMAÇÃO E PARTICIPAÇÃO: ENFOQUES E MODELOS

4.1. FORMAÇÃO PARA A PARTICIPAÇÃO E FORMAÇÃO PARTICIPATIVA

Outra das fontes em que a didática da participação deve nutrir-se é os métodos de formação mais idôneos e adequados a seu objeto e finalidade. Dito de outro modo, de que maneira se podem aplicar os princípios da didática da participação ao âmbito instrutivo? Para isso, creio ser necessário distinguir duas estratégias ou maneiras de enfocar a formação em relação à participação:

> *formação para a participação*, em que, além de meio de aprendizado, a participação é o objeto e o próprio conteúdo da formação;

> *formação participativa*, em que a participação é utilizada como meio de formação.

Aprender a viver juntos: meta da formação para a participação

O informe encomendado pela Unesco à Comissão Internacional sobre Educação para o século XXI, presidida por J. Delors, estabelece quatro pilares da educação[1]:

> *aprender a conhecer*: contém o conjunto de conhecimentos formais e acadêmicos necessários para compreender a vida e o mundo em que vivemos.

> *aprender a fazer*: conteúdo fundamental para a formação profissional dirigida ao trabalho, à produção e ao desenvolvimento técnico e empresarial.

---
[1] Unesco, *La educación encierra un tesoro*, Madri: Santillana, 1996.

> *aprender a viver juntos*: aqui é onde se localiza o aprendizado da participação como capacidade de trabalhar em equipe, conviver e cooperar com os demais para melhorar o ambiente e alcançar metas comuns.

> *aprender a ser*: é a síntese dos três aprendizados anteriores, que conclui e conflui numa formação e desenvolvimento integral do ser humano.

Portanto, a meta da formação para a participação deve consistir basicamente no aprendizado da convivência, que implica:

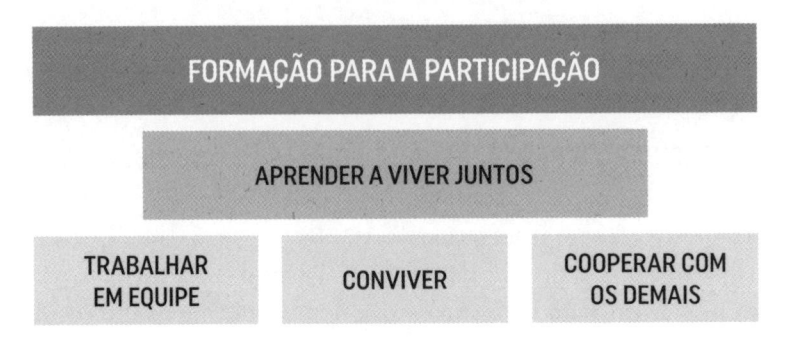

FORMAÇÃO PARA A PARTICIPAÇÃO

APRENDER A VIVER JUNTOS

| TRABALHAR EM EQUIPE | CONVIVER | COOPERAR COM OS DEMAIS |

Essa importante dimensão educativa que implica a formação para a participação contrasta com a pouca atenção que a educação formal lhe dedica, apesar de ser a capacidade mais solicitada por parte das empresas e a mais decisiva para assegurar a convivência e a coesão da sociedade atual. Esse vazio torna ainda mais urgente e necessário o desenvolvimento de uma didática da participação, assim como sua implantação nos programas de educação tanto formal como não formal.

4.2. A METODOLOGIA ATIVA COMO BASE DO APRENDIZADO PARTICIPATIVO

Os métodos ativos, longe de serem uma inovação pedagógica atual, são parte da tradição renovadora dos movimentos procedentes da Escola Nova de finais do século XIX e princípios do XX[2] e das contribuições pioneiras do grande pensador e pedagogo norte-americano John Dewey[3]. Esse enfoque pedagógico, associado

---

[2] José María Hernández Díaz, "Antecedentes y desarrollo histórico de la animación sociocultural en España", em Jaume Trilla (coord.), *Animación sociocultural: teorías, programas y âmbitos*, Barcelona: Ariel, 1997. Edição brasileira: *Animação sociocultural*, São Paulo: Instituto Piaget, 2005.

[3] John Dewey, *Democracia y educación*, Madri: Morata, 1995 (edição brasileira: *Democracia e educação: capítulos essenciais*, São Paulo: Ática, 2008); Virginia Guichot, *Democracia, ciudadanía y educación: una mirada crítica sobre la obra pedagógica de John Dewey*, Madri: Biblioteca Nueva, 2003.

historicamente à educação de adultos, influenciou igualmente a ASC, a ponto de constituir sua fundamentação metodológica mais definida.

No entanto, isso só ocorreu há poucos anos, quando os princípios da metodologia ativa começaram a ser fundamentados com evidência científica[4] até serem totalmente corroborados pelas atuais investigações trazidas pelas neurociências[5].

O primeiro elemento diferenciador ao qual se recorre em pedagogia para definir o método ativo é *a atividade* que o aprendiz há de desenvolver para poder alcançar o aprendizado pretendido, em face de outros procedimentos didáticos nos quais predomina a receptividade do aluno ante o que oferece, dita ou ensina o professor. É óbvio que os métodos ativos implicam especial grau de atividade por parte do aluno, mas essa condição, se bem que necessária, não parece o bastante. De fato, apenas esse traço não é suficientemente diferenciador com respeito a outros métodos aos quais se contrapõe. São diversos os autores[6] que há tempos advertiram para a presença de atividades realizadas pelos alunos da escola tradicional (exercícios, redações, desenhos), sem que isso signifique que estiveram desenvolvendo, necessariamente, uma metodologia ativa. Por outro lado, como veremos mais adiante, todo aprendizado, para que chegue a se consolidar como tal, necessita certo grau de atividade, se não física, ao menos mental ou de observação.

Outra das características utilizadas para definir os métodos ativos é a *participação* dos alunos. É que, efetivamente, essa não é apenas uma característica dos alunos, mas sua própria condição de possibilidade. A atividade do aluno só se desenvolve através da participação deste em seu próprio processo de aprendizado. Daí que podemos definir a participação como meio ou instrumento necessário para poder implementar uma metodologia ativa. Essa é a razão fundamental pela qual associamos a didática da participação aos métodos ativos e sua aplicação por meio das *técnicas* de participação.

Com isso, não só pretendo oferecer uma visão mais integral e completa do tema, como contribuir para esclarecer e deslindar conceitual e epistemologicamente o nível que dentro deste corresponde aos métodos, no que se refere às técnicas. Algo que, em minha opinião, e até esta data, não só não foi empreendido, mas que, inclusive, tende a mesclar-se e a se confundir, utilizando indistintamente ambos os níveis e termos. Nesse sentido, podemos comprovar como, nas

---

[4] Victor J. Ventosa, *Métodos activos y técnicas de participación para educacores y formadores*, Madri: Editorial CCS, 2004, pp.25-6.

[5] Jesús María Nieto Gil, *Neurodidáctica: aportaciones de las neurociencias al aprendizaje y la enseñanza*, Madri: Editorial CCS, 2011; Francisco Mora, *Neuroeducación*, Madri: Alianza Editorial, 2013.

[6] María Salas e María Quereizaeta, *Métodos activos para la instrucción popular de adultos*, Madri: Marsiega, 1975.

escassas publicações de nosso meio sobre métodos ativos, ou elas aludem a métodos ativos tanto para explicar as características dessa metodologia como para descrever as técnicas com as quais praticá-la[7], ou se chegam a identificar os métodos ativos com a própria atividade[8], num processo de redução do todo para a parte que – como já comentamos – não resolve o problema em questão.

Encontramos uma primeira tentativa de integrar as técnicas participativas em um "marco metodológico" que as fundamente (a educação popular) na obra já clássica de Luna Vargas e Graciella Bustillos: *Técnicas participativas para a educação popular*[9] – embora seja verdade que, para fazer justiça, temos de registrar que esse mérito as autoras dividem com a Equipe Claves, encarregada da introdução à referida edição.

De todo modo, tanto a participação, enquanto técnica, como a atividade, enquanto conteúdo, ainda que constituam componentes necessários e característicos dos métodos ativos, não são suficientes nem exclusivos deles. Nesse sentido, tem razão Carlos Carreras quando afirma, em uma obra recente, que *o método ativo só pode ser participativo*, mas não o contrário[10]. Efetivamente, as técnicas participativas não são privativas dos métodos ativos; por exemplo, podemos encontrar diferentes comportamentos participativos nos frequentadores em contato com uma metodologia expositiva (técnicas grupais, dirigidas), proposta pelo professor como apoio conjuntural, motivador ou complementar às suas exposições, sem que isso queira dizer que este chegue a transferir e compartilhar a direção ou a iniciativa do processo formativo com seus alunos, condições estas necessárias para se poder falar de métodos ativos no sentido pleno do conceito, tal como o vamos utilizar aqui. No primeiro caso – seguindo a mesma proposta de Carreras – falaremos de um método expositivo participativo para distingui-lo do método expositivo passivo, mas em ambas as modalidades o formador adota ele mesmo o papel de *magister* (direção, chefia, mestre) com respeito ao controle dos processos de aprendizado, sendo os alunos seus meros receptores e seguidores.

Como consequência, a adoção autêntica de um método ativo implica não só a incorporação de certos componentes ao aprendizado (atividade, participação) como, acima de tudo, exige uma mudança radical de atitude e de função no mesmo processo de ensino-aprendizado, mudança que afeta, por um lado, os

---

[7] *Ibidem*.
[8] Laura Gutiérrez, *Métodos para la animación sociocultural*, Madri: Editorial CCS, 1997.
[9] Laura Vargas e Graciela Bustillos, *Técnicas participativas para la educación popular*, Madri: Popular, 1993, pp. 5-22.
[10] Carlos Carreras, *Aprender a formar: educación y procesos formativos*, Barcelona: Paidós, 2003, pp. 76, 80-1.

papéis tanto do professor quanto dos alunos e, por outro, a direção do próprio processo formativo. No primeiro caso, o professor deixa de ser *magister* para converter-se *animador ou facilitador* dos processos de aprendizado[11], ao mesmo tempo que o aluno passa de agente passivo a agente ativo de sua educação[12]. Por isso, necessitaremos das contribuições da ASC, especialmente as que se referem ao perfil de seus agentes para poder consolidar quais são as funções que há de adotar o novo educador enquanto animador para tornar efetivas as virtualidades dos métodos ativos; além disso, a ASC nos oferecerá o marco de referência necessário para transcender e otimizar o alcance usual da metodologia ativa, de forma que não só seja uma *educação pela ação* (enfoque instrumental e didático dos métodos ativos), como também, e sobretudo, uma *educação para a ação* (enfoque finalista e sociocultural)[13]. Quanto à direção do processo de ensino-aprendizado, a adoção de uma metodologia ativa implica abandonar o monopólio ostentado pelo formador, na direção do processo formativo, para passar a dividir essa direção com os alunos, de tal modo que eles possam *seguir seu próprio caminho*[14] no desenvolvimento de sua formação. Para sustentar essa segunda transição, necessitaremos mais adiante das contribuições da Teoria da Comunicação tanto para a educação[15] como para a animação sociocultural[16]. Desse modo, comprovaremos como os métodos ativos requerem a adoção de uma comunicação horizontal e bidirecional, na qual os dois polos – professor e alunos – sejam indistinta e reciprocamente emissores e receptores, ante outras formas de comunicação mais verticais e unidirecionais.

A partir de tudo o que foi dito anteriormente, já estamos em condições de propor uma classificação de métodos de ensino a partir das três variáveis descritas: atividade, participação e direcionalidade.

> Atendendo à atividade: podemos diferençar os métodos ativos dos receptivos.

---

[11] Adolfo Maillo, *Un método de cambio social: la animación sociocultural*, Madri: Marsiega, 1979, pp. 31-6; Carlos Carreras, *op. cit.*, p. 76.

[12] María Salas e Maria Quereizaeta, *op. cit.*, p. 119.

[13] Laura Vargas e Graciela Bustillos, *op. cit.*, p. 9.

[14] Carlos Carreras, *op. cit.*

[15] Jaume Sarramona, *Comunicación y educación*, Barcelona: Ceac, 1988.

[16] Sindo Froufe e María Angeles Sánchez, *Animación sociocultural: nuevos enfoques*, Salamanca: Amarú, 1990; Mario Viché, *Animación, sistema de comunicación*, Valência: Dissabte, 1991; Victor J. Ventosa, "Un modelo de canalización informativa para potenciar la participación juvenil", em Antonio Martín (ed.), *Psicología comunitaria: fundamentos y aplicaciones*, Madri: Síntesis, 1998.

> Em função da *participação*: distinguiremos os métodos participativos dos métodos não participativos ou passivos.

> Segundo a *direção*, podemos falar de métodos diretivos, codiretivos ou colaborativos e autodiretivos (livres ou autodidáticos).

CLASSIFICAÇÃO DE MÉTODOS DE ENSINO

PARTICIPAÇÃO	PARTICIPATIVOS	NÃO PARTICIPATIVOS
DIREÇÃO		
Diretivo	M. expositivo participativo	M. expositivo passivo
Codiretivo	Método ativo	
Autodiretivo	Método livre ou autodidático	

A partir dessa classificação, podemos caracterizar a formação participativa como aquele tipo de formação que utiliza estratégias codiretivas e autodiretivas em sua aplicação. Advirtamos, porém, que, embora o método autodidático não seja propriamente um método ativo, por não existir nenhuma função docente – tão somente discente –, isso implica um nível de máxima participação por parte do aluno e é a meta ideal para a qual tende a ASC.

4.3. FORMAÇÃO ATRAVÉS DE PROJETOS: UM MODELO INTEGRAL DE FORMAÇÃO PARTICIPATIVA

O modelo que descrevo a seguir foi sendo desenvolvido e aplicado em vários âmbitos, com sucessivas revisões, à medida que sua experimentação prática me ia trazendo dados novos e enriquecedores[17].

Seu fundamento vem do método de projetos desenvolvido originariamente por Kilpatrik, aplicando-lhe algumas das contribuições mais interessantes de Dewey[18], que advogava um aprendizado baseado na experiência e a partir de desafios ou de situações problemáticas que cada um há de resolver mediante uma

---

[17] Victor J. Ventosa, *op. cit.*, 2004.

[18] John Dewey, *op. cit.*, 1995; Virginia Guichot, *op. cit.*

série de ações ou tarefas organizadas e integradas num projeto como eixo norteador do aprendizado. Com isso, se pretende superar a fragmentação acadêmica, denunciada pelo mesmo Dewey, que afasta o aluno da realidade da vida, na qual os conhecimentos permanecem integrados.

O método de projetos é um método ativo, dado que se inicia com uma atividade – organizada ao redor de um projeto – para conduzir o aprendizado. Parte de uma situação problemática, que se vai enfrentar ou resolver, mediante a adoção de uma série de ações ou tarefas para as quais se necessita assimilar uma série de conhecimentos que vão sendo aprendidos por meio da experiência, ou seja, enquanto aqueles se manifestam como necessários para avançar no referido processo. Daí que o princípio de globalidade determine a estrutura dos conteúdos formativos em torno de um projeto a se realizar, como alternativa à fragmentação acadêmica tradicional que divide os conteúdos em matérias ou disciplinas separadas.

Essa maneira de proceder converte o aprendizado em algo interessante – ao propô-lo como um desafio valioso a ser superado ou resolvido – e significativo para o aluno – ao vincular o aprendizado (saber) com sua utilidade (fazer). O projeto atua, em suma, como um *gerador de problemas* que desperta e mantém a curiosidade e a consequente necessidade de seguir aprendendo para poder seguir avançando.

De um ponto de vista prático, o método de projetos se desenvolveu em conformidade com diferentes modalidades:

> *Globais*: integrando todas as matérias num mesmo projeto.
> *Temáticos*: vinculados a disciplinas ou matérias acadêmicas ou escolares.
> *Por atividades*: de jogo, sociais, de natureza, éticos etc.
> *Sintéticos ou mistos*: onde se combinam algumas das modalidades anteriores.

Contudo, o modelo descrito adquire, ademais, uma série de traços próprios, graças a outras contribuições teórico-metodológicas, entre as quais cabe destacar as de Bruner com suas noções de *trabalho por temas, conceitos-chave* como eixos organizadores de cada matéria, *procedimento de investigação* como pauta para trabalhar uma disciplina e *currículo em espiral* como estratégia de aproximação recorrente e progressiva do aluno aos temas de aprendizado. Também tenho de mencionar a marca do *enfoque sociocultural e construtivista* de Vygotsky que define o aprendizado como um que-fazer social e cultural, afastado de proposições individualistas e academicistas[19], junto com a dimensão comunitária da formação

---

[19] Harry Daniels, *Vygotsky y la pedagogía*, Barcelona: Paidós, 2003. Edição brasileira: *Vygotsky e a pedagogia*, São Paulo: Edições Loyola, 2003.

ressaltada por Dewey, origem, por sua vez, do *modelo comunitário de aprendizado* e do *aprendizado participativo*, por meio de aplicações tão iluminadoras para nosso modelo como as denominadas *comunidades de aprendizado*[20]. Sobre a base dessas propostas se assenta o modelo FBP quando propõe passar do aprender fazendo individual ao *aprender fazendo coletivo*, tudo isso com as contribuições da metodologia da ASC, também baseada nos métodos ativos provenientes da Escola Nova[21].

Pois bem, com todos esses antecedentes, propomos a *formação com base em projetos* como um modelo derivado dos princípios da metodologia ativa. Esse modelo permite aplicar os princípios da referida metodologia ao âmbito da formação, conseguindo-se com isso uma dupla coerência e realimentação formativa entre a forma – método de aprendizado – e o fundo – conteúdo de aprendizado. Por tudo isso, a conveniência da *formação através de projetos*, como modelo de formação em ação, parte do fato de que a característica do aprendizado, da perspectiva do novo paradigma pedagógico, é aprender a *intervir na realidade com autonomia*.

Com base nessa proposição, podemos afirmar que a autêntica meta da formação que nos propomos impulsionar com esse modelo se dirige, em última instância, a permitir que os alunos aprendam mediante a participação ativa em seu próprio processo de aprendizado[22]. De acordo com isso, pensamos que o eixo organizador de todo o processo de aprendizado deva ser um projeto concreto – eixo organizador – que aglutine as tarefas básicas ao redor da quais deverão integrar-se os diferentes conteúdos de aprendizado. Portanto, a eleição e determinação de um projeto – real ou simulado – será uma das primeiras decisões que teria que tomar o aluno de um curso com essas características no modelo que sugerimos. Um modelo concebido para que o aluno seja o protagonista de seu próprio aprendizado, em coerência com o sentido último da ASC[23]. O modelo traz um conjunto organizado e estruturado de dimensões e componentes convenientemente sequencial, que cada um tem que ir integrando e aplicando ao projeto escolhido. De tal forma que, ao final do processo, cada um possa apresentar um projeto elaborado com base nos conteúdos, ferramentas e sugestões propostos durante o curso.

---

[20] Katerine Bielaczyc e Allan Collins, "Comunidades de aprendizaje en el aula: una reconceptualización de la práctica de la enseñanza", em Charles M. Reigeluth (ed.), *Diseño de la instrucción. Teorías y modelo: un nuevo paradigma de la teoría de la instrucción*, Madri: Aula XXI-Santillana, 2000, pp. 279-302.

[21] Mario Viché, *Una pedagogía de la cultura: la animación sociocultural*, Saragoça: Certeza, 1999, pp. 25 ss.

[22] Laurie Miller, "La resolución de problemas en colaboración", em Charles M. Reigeluth (ed.), *op. cit.*, p. 256; Juan Ignacio Pozo e Carlos Monereo (coords.), *El aprendizaje estratégico*, Madri: Aula XXI-Santillana, 2002, p. 11.

[23] Victor J. Ventosa, *Fuentes de la animación sociocultural en Europa*, Madri: Editorial CCS, 2002.

A partir daqui, minha proposta didática se articula ao redor de duas dimensões:

> **Geral**: que faz referência à maneira de organizar globalmente o aprendizado (curso, seminário, disciplina) ao longo de todo o processo formativo. Para ele contaremos com o modelo geral FBP.

> **Curricular**: centrada em dar as pautas didáticas para organizar e compartilhar cada um dos conteúdos ou temas em que esteja estruturado o currículo. Para tal finalidade, falaremos do modelo curricular FBP.

A primeira coisa que podemos deduzir do que já foi dito é que a ASC é um quefazer eminentemente prático e, portanto, requer do educador, enquanto animador dos processos de aprendizado, basicamente capacidade e habilidade suficientes para saber planificar, executar e avaliar projetos de animação socioeducativos, adequados às características contextuais do meio em que vão ser aplicados; tudo isso com uma intencionalidade emancipadora/integradora e alguns procedimentos participativos. Por consequência, a formação, segundo esse enfoque, há de ser realizada a partir de uma série de condições, cuja fundamentação teórica já fixamos em trabalhos anteriores[24]:

> O *enraizamento* da formação num contexto sociocultural concreto.

> A *vinculação* da formação ao *desenvolvimento da comunidade*.

> A *concepção do social* – o *grupo* e a *comunidade* especialmente – como *âmbito educativo privilegiado*.

A aceitação desses pressupostos tem uma série de consequências metodológicas sobre a formação que aqui propomos:

> Qualquer proposta formativa desse modelo deve ser empreendida *a partir da própria prática* existente.

> Por isso, o estabelecimento de um marco integrador das diferentes ações formativas existentes – eixo organizativo – deve ser proposto em função das etapas e tarefas pelas quais tem que passar o desenvolvimento do projeto.

---

[24] Victor J. Ventosa, "Perspectiva comparada de la ASC", em Jaume Trilla (coord.), *op. cit.*; idem, *Desarrollo y evalucción de proyectos socioculturales*, Madri: Editorial CCS, 2001.

Por isso, e com a intenção de integrar todas essas variáveis para poder oferecer uma proposta metodológica coerente, tanto com os métodos ativos como com os princípios da ASC, sugerimos as seguintes pautas metodológicas:

› O estabelecimento do processo de formação de maneira **indutiva**, a partir da experiência e sobre a base das etapas e espaços de intervenção característicos de todo o processo de intervenção sociocultural e comunitária; em contraste com uma formação tradicionalmente dedutiva e centrada numa série de conteúdos organizada em torno de matérias ou disciplinas.

› A **concretização/operacionalização** dos objetivos de formação em função das **tarefas** a realizar e não, como no enfoque clássico, em torno de conteúdos a serem assimilados.

› **Sincronização** dos **conteúdos formativos** com as **etapas de intervenção**, dentro de um mesmo processo de formação-ação. Isso supõe conceber as comumente chamadas práticas não como algo justaposto ao currículo formativo, mas como o eixo do currículo, ao redor do qual se integram e se organizam os conteúdos formativos do curso.

Uma vez estabelecidos os princípios metodológicos sobre os quais se baseia esse modelo, vamos nos concentrar em como se articula e se operacionaliza, levando em conta as duas dimensões – global e curricular – a que aludimos anteriormente.

Desenho do modelo geral

Para poder organizar o desenho geral da ação formativa, necessitamos de um enfoque sistêmico[25] aplicado ao nosso âmbito[26], que inclua a totalidade dos componentes curriculares mais significativos, tanto do ponto de vista sincrônico quanto diacrônico. Tais elementos adotam a configuração de um sistema que se comporta como tal – interatuando entre si –, a partir de uma realidade sociogrupal de partida – a entrada no sistema –, até a mudança social pretendida – a saída do sistema. No caminho se estabelece uma série de etapas e de componentes que se deve atender convenientemente para poder avançar em todo o processo.

---

[25] Ludwig von Bertalanffy, *Teoría general de los sistemas*, Madri: Fondo de Cultura Econômica, 1976. Edição brasileira: *Teoria geral dos sistemas: fundamentos, desenvolvimento e aplicações*, Petrópolis: Vozes, 2008.

[26] Fernando Cembranos, David H. Montesinos e María Bustelo, *La animación sociocultural: una propuesta metodológica*, Madri: Popular, 1989.

Realidade social de partida: se molda através da análise e da fundamentação do marco contextual inicial, tanto do ponto de vista social, como comunitário, institucional, pessoal, teórico e metodológico.

Espaços de intervenção: após a fundamentação e a contextualização do desenho, selecionam-se os âmbitos, instituições ou espaços a partir dos quais se poderão escolher e configurar os projetos que servirão aos alunos para articular e integrar todos os objetivos e conteúdos de seu aprendizado. A seleção e a delimitação desses espaços se faz com relação a recursos existentes no meio (comunidade, bairro, cidade, território) em que será incorporada a formação e, por isso, vem precedida de uma análise da referida realidade (marco contextual).

Projeto: a partir dos espaços previamente selecionados já se pode articular o projeto correspondente como eixo organizador de todo o aprendizado. Um projeto é composto ao menos por quatro ingredientes fundamentais:

> *Objetivos* enunciados não tanto em termos de conteúdos a assimilar, mas em termos de metas práticas a alcançar.

> *Atividades* ou conjunto de tarefas necessárias para conseguir os objetivos previstos.

> *Conteúdos* que se vão aprender – articulados normalmente em torno das matérias do curso – para poder levar a bom termo cada uma das atividades incluídas no projeto.

> *Organização* ou articulação dos meios, métodos, tempos e espaços requeridos para o desenvolvimento do projeto em questão.

Implementação: uma vez determinados cada um dos projetos que constitui o grosso do programa formativo, se põem em prática, ordenadamente, cinco etapas:

1ª: *Fundamentação e contextualização* do projeto, conforme um marco teórico e topológico de referência.
2ª: *Análise e diagnóstico do meio* sobre o qual se vai intervir.
3ª: *Planificação* de todo o processo, a partir dos componentes do projeto descritos anteriormente.
4ª: *Intervenção* ou execução do projeto por parte dos participantes.
5ª: *Avaliação* de cada um dos projetos a cargo de cada um dos participantes que nele se encontra.

Resultados: a avaliação dos resultados de todo o processo de formação, integrado pelo conjunto de projetos desenvolvidos ao longo de cada uma das fases anteriormente descritas e sua correspondente continuação, se complementa e se materializa por meio de determinadas fases e níveis de avaliação[27]:

> *Fases de avaliação*: constituem os momentos pelos quais há de passar a avaliação formativa, com a finalidade de se apreciar todas e cada uma das etapas do processo global de formação.

» *De contexto*: que se refere à revisão da análise contextual e sua adequação à realidade analisada, à redefinição dos presupostos teóricos, metodológicos, assim como à pertinência da seleção e demarcação dos espaços de intervenção.

» *De entrada*: avaliação de cada projeto em sua coerência interna (organização, sequência, pertinência teórico-prática etc.) e externa (correspondência e adequação à análise contextual e aos espaços de intervenção identificados).

» *De processo*: através do acompanhamento continuado da realização de cada projeto, mediante as sessões de revisão estabelecidas.

» *De produto*: avaliação dos resultados conseguidos em cada um dos projetos, a partir dos informes finais redigidos individualmente pelos participantes e confrontados entre si.

> *Níveis de avaliação*: enquanto as fases avaliativas anteriormente descritas configuram uma aproximação diacrônica e vertical ao processo formativo (o que se avalia?), esses níveis respondem à sua dimensão sincrônica e transversal (quem avalia?):

» *Avaliação externa*: a que realizam as entidades receptoras dos projetos realizados pelos alunos ou participantes. Os indicadores desse nível versam sobre o grau de repercussão do projeto dentro de seu contexto de intervenção, assim como em relação a cada um de seus componentes

---

[27] Daniel L. Stufflebeam e Anthony J. Shinkfield, *Evaluación sistemática: guía teórica y pràctica*, Madrí: Paidós-MEC, 1987.

contextuais, organizativos, metodológicos e práticos. Os instrumentos mais adequados para esse nível podem ser a entrevista e/ou o questionário a ser preenchido por todas as instituições.

» *Avaliação interna*: realizada entre alunos e professores através dos procedimentos previstos ao longo do curso (sessões de revisão, acompanhamento, controles, síntese e avaliação da implementação de cada projeto).

» *Avaliação institucional*: retoma os dados dos níveis avaliativos anteriores, de um lado, para investir numa avaliação global e, de outro, para cotejar os referidos resultados com os interesses e as propostas da instituição formativa.

Transferências: com esta última etapa do modelo geral, fazemos alusão aos resultados extracurriculares ou, dito de outro modo, ao *impacto externo ou social* de todo esse processo de formação. Embora esta última pretensão pudesse parecer alheia ao campo formativo, temos de levar em conta que num modelo de formação, como aquele que aqui propomos, centrado na realização de projetos de intervenção em contextos socioculturais, além do aprendizado por parte dos alunos que os desenvolvem, deve haver algum tipo de impacto sociocomunitário produzido pelos efeitos dos projetos. A dimensão sociocomunitária de todo o aprendizado abordado com nossos postulados nos exige que comprovemos até que ponto ele foi revertido não só para os alunos, como também para a comunidade em que se formou. Chegados a esse ponto, deve-se ter um procedimento para comprovar em que medida reverte-se a formação dos participantes para a comunidade. Por outra parte, ao conceber a formação por meio da organização da ação de seus beneficiários, devemos verificar se foi produzida alguma mudança social através ou por influência do processo no ambiente concreto de intervenção. Por fim, trata-se de comparar as possíveis modificações resultantes entre a entrada no sistema, ou realidade social inicial, e a saída ou mudança social esperada.

As transferências, além disso, constituem uma contribuição específica do enfoque da ASC em que está baseado esse modelo. Assim como não existe um autêntico processo de ASC sem transferências à comunidade receptora (em termos de auto-organização, autonomia, participação, criação de tecido social etc.), tampouco existirá um autêntico processo formativo com base em projetos sem desencadear as referidas transferências[28].

Como síntese final, apresento graficamente o modelo geral FBP descrito:

---

[28] Ezequiel Ander-Egg, *Metodología y práctica de la animación sociocultural*, Madri: Editorial CCS, 2000.

MODELO GERAL DE FBP

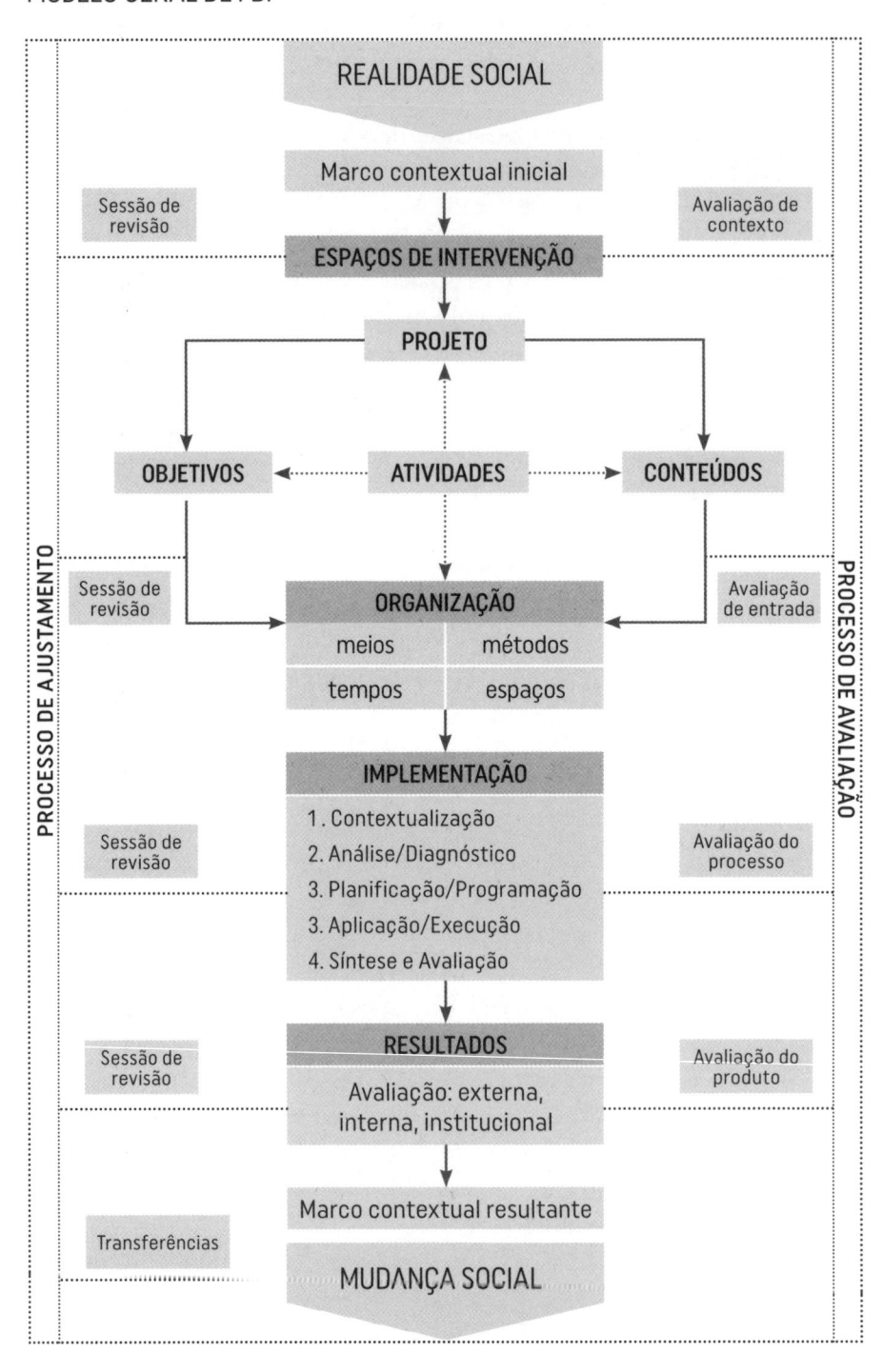

```
                          REALIDADE SOCIAL
                                │
                       Marco contextual inicial
    Sessão de                   │                    Avaliação de
    revisão                     ▼                     contexto
                       ESPAÇOS DE INTERVENÇÃO
                                │
                                ▼
                             PROJETO
                   ┌────────────┼────────────┐
                   ▼            ▼            ▼
                OBJETIVOS ◄── ATIVIDADES ──► CONTEÚDOS

    Sessão de                                       Avaliação
    revisão            ORGANIZAÇÃO                  de entrada
                    ┌──────────┬──────────┐
                    │  meios   │ métodos  │
                    ├──────────┼──────────┤
                    │  tempos  │ espaços  │
                    └──────────┴──────────┘
                              │
                              ▼
                       IMPLEMENTAÇÃO
    Sessão de     1. Contextualização               Avaliação do
    revisão       2. Análise/Diagnóstico             processo
                  3. Planificação/Programação
                  3. Aplicação/Execução
                  4. Síntese e Avaliação
                              │
                              ▼
                         RESULTADOS
    Sessão de        Avaliação: externa,            Avaliação do
    revisão         interna, institucional            produto

                    Marco contextual resultante
    Transferências              │
                                ▼
                         MUDANÇA SOCIAL
```

(Lateral esquerda: PROCESSO DE AJUSTAMENTO)
(Lateral direita: PROCESSO DE AVALIAÇÃO)

Modelo específico para desenho curricular

Se o *modelo geral* anteriormente descrito nos ajuda a desenhar de uma maneira global e coerente todo o processo de formação, desde o princípio até o final, o modelo mais concreto e específico que abordamos a seguir nos servirá de pauta para organizar, sequenciar e relacionar os componentes centrais do processo, com o objetivo de poder oferecer aos alunos uma metodologia de ensino-aprendizado que reflita os princípios descritos. Uma proposição em que o fundamental é desenvolver todo o processo de aprendizado (*saber*) através da realização de um projeto (*fazer*), com o fim de conseguir objetivos (*saber fazer*) que finalmente serão avaliados convenientemente (*fazer saber*). Desse modo, esses quatro elementos constituem os quatro eixos essenciais de nosso modelo e surgem a partir da matriz da formação-ação que fundamenta a metodologia ativa de nossa proposta:

MATRIZ DE FORMAÇÃO-AÇÃO	SABER	FAZER
SABER	CONTEÚDOS	OBJETIVOS
FAZER	AVALIAÇÃO	ETAPAS

O modelo curricular que apresentamos a seguir se estrutura a partir desses quatro eixos curriculares:

FAZER ↓ Etapas	1º Contextualização e fundamentação	2º Análise e diagnóstico	3º Planificação/ programação	4º Intervenção	5º Avaliação
	O que, onde, quem: delimitação, justificação e fundamentação teórica do projeto.	Por que, com que e para quem: estudo e análise do meio e dos destinatários.	Por que, como e quando: objetivos, atividades, métodos, meios e lugares.	Realização do planificado através de: 1. Acompanhamento do animador. 2. Participação do grupo destinatário.	Comprovação e valorização de todo o processo e de seus resultados.

SABER ↓ Conteúdos gerais (estes, logicamente, se adaptam conforme o tema específico de cada curso)	Fundamentos, preliminares e introdução a cada um dos temas.	Recursos do ambiente. Âmbitos e modalidades de intervenção. Técnicas e Instrumentos para a análise, a informação e a investigação.	Métodos e técnicas de planificação e programação. Desenho de programas específicos. Legislação, organização e recursos. Técnicas e atividades específicas.	Âmbitos, estratégias e modelos de intervenção. Estratégias de acompanhamento, monitoração e participação. Orientação e tutorização de práticas. Técnicas e recursos para a intervenção.	Modelos, técnicas e instrumentos de avaliação. Técnicas e instrumentos para a coleta de dados para a investigação.
SABER FAZER ↓ Objetivos	Selecionar espaço e instituição onde realizar o projeto, delimitando, fundamentando e justificando a escolha.	Elaborar um diagnóstico do meio sobre o qual intervir, com a participação dos destinatários.	Desenhar uma programação coerente a partir da contextualização e diagnóstico dados.	Estabelecimento das estratégias de seguimento e participação na execução do projeto.	Elaboração de um informe de avaliação atendendo a cada uma das etapas anteriormente descritas e aos resultados finais do projeto.
FAZER SABER ↓ Avaliação	Delimitação do âmbito do projeto mediante a elaboração de um guia de recursos. Comprovar a fundamentação e contextualização do projeto.	Comprovar e confrontar informes de diagnósticos.	Comprovação, exposição e confrontação da planificação dos diversos projetos.	Comprovar e avaliar a intervenção por meio de relatório de acompanhamento.	Comprovar a avaliação em cada uma de suas fases e exposição/apresentação do memorando final de cada projeto.

4.4. O MÉTODO APREPIA COMO EXEMPLO DE DESENHO CURRICULAR EM CHAVE ATIVA

Uma vez abordadas as possibilidades da metodologia ativa para o desenho geral de cursos formativos, de uma perspectiva diacrônica e transversal, podemos propor, vertical e sincronicamente, a maneira de desenvolver todos e cada um dos temas que o compõem. Para isso, descreverei o método Aprepia, acrônimo criado a partir das etapas com as quais tenho elaborado diversos livros de texto e manuais de formação (**Apre**sentar objetivos, **pr**opor interrogações, **i**nformar conteúdos, **a**plicar e **a**valiar)[29]. Com esse método pretendo:

---

[29] Victor J. Ventosa, *op. cit.*, 2004.

> Oferecer um texto com uma estrutura sistemática, coerente e fundamentada, tanto na didática que deverá reger a confecção de materiais autoinstrutivos como nos requerimentos ou ordenamentos científicos próprios do processo de ensino-aprendizado.

> Facilitar o manuseio e a aplicação desse manual a todos aqueles (professores, educadores, animadores, centros e escolas de formação, associações etc.) que precisem utilizá-lo como livro de texto ou guia formativo na preparação e distribuição de cada uma das matérias aqui incluídas.

Nesse sentido, minha pretensão foi a de confeccionar um texto com uma finalidade *didática* e com um caráter *autossuficiente* no fundamental. Um material que reúna as três condições básicas que esse tipo de texto deverá possuir.

» **Conteúdo:** devidamente organizado em torno de uma estrutura sistemática e reconhecida em cada um dos temas.

» **Coesão:** tanto os temas como as ideias neles contidos hão de ter uma relação interna.

» **Enfoque:** a organização das matérias deve possuir uma *perspectiva* própria reconhecível, com ênfase nas ideias principais e dando referências bibliográficas ao longo do texto, para sua ampliação.

Restringindo-nos mais concretamente às etapas que configuram o método Aprepia, temos de dizer que elas se fundamentam nas contribuições mais relevantes das teorias de aprendizado e ensino. Concretamente, dentre os mais importantes modelos e teorias de aprendizado vigentes – Ausubel, Bandura, Bruner, Piaget, Skinner, Wiener, Merril e Reigeluth, Biggs, Weinstein e Mayer, entre outros[30] –, elegemos o *modelo geral de Gagné*[31], por considerá-lo um dos mais elaborados, comprovados e aceitos, além de ser um dos mais inclusivos e consistentes, como veremos. Essa proposta se baseia na consideração do processo

---

[30] Leland C. Swenson, *Teorías del aprendizaje*, Barcelona: Paidós, 1987; Angel Ignácio Pérez e Julián Almaraz (coords.), *Lecturas de aprendizaje y enseñaza*, Madri: Fondo de Cultura Económica, 1988; Juan Ignacio Pozo, *Teorías cognitivas del aprendizaje*, Madri: Morata, 1989.

[31] Robert Mills Gagné e Leslie J. Briggs, *La planificación de la enseñanza: sus principios*, México: Trillas, 1987. Uma boa exposição do modelo citado se encontra em João B. Araújo e Clifton B. Chadwick, *Tecnología educacional: teorias de instrucción*, Barcelona: Paidós, 1988, pp. 47-64.

de ensino-aprendizado a partir de um enfoque sistêmico, baseado na teoria do processamento da informação e posto à prova, experimentalmente, naquilo que se refere a seus princípios fundamentais, centrados em torno do conceito de hierarquia[32]. Essa noção concebe o aprendizado como um conjunto de processos ou de operações hierarquicamente ordenados em função de seu grau de complexidade. De tal maneira que, para alcançar os níveis superiores de aprendizado, é importante superar previamente os inferiores.

Mas não é só a comprovação experimental desse princípio que torna o modelo que deriva dele especialmente consistente e interessante para nosso propósito, mas ainda, e sobretudo, a relação que estabelece entre as fases pelas quais trascorrem o aprendizado e as ações de formação que o facilitam. Em suma, é um modelo que brinda a possibilidade de correlacionar e fazer corresponder o processo de ensino com o de aprendizado, com o objetivo de otimizar o segundo a partir de um adequado controle do primeiro.

Com base nisso tudo, podemos, portanto, afirmar que todo processo de ensino-aprendizado se articula à volta de uma série de fases ou etapas, constituídas, por sua vez, por um conjunto de processos internos que podem ser estimulados por determinadas ações ou estratégias formativas, aplicadas a conteúdos concretos de formação. Se esses conteúdos se organizam de acordo com tal sequência, se estão facilitando seu uso e aproveitamento didático, tanto do ponto de vista docente (organização do ensino) como discente (facilitação do aprendizado).

Essas etapas podem ser descritas do seguinte modo:

1ª) *Apresentar os objetivos*, comprovando sua compreensão e sua adequação às expectativas dos alunos. Esse primeiro momento se relaciona com a primeira etapa do aprendizado, segundo o modelo de Gagné, que é a **motivação**, constituída pela geração de **expectativas** prévias e necessárias para induzir ao aprendizado. Essa etapa corresponde, do ponto de vista instrutivo, à ação de **situar e alertar** o aluno, informando-lhe sobre os objetivos a conseguir. Se relacionamos esta etapa com as mais recentes teorias e modelos instrutivos, com o intuito de ganhar em consistência teórica, aquela corresponderia aos *objetivos de compreensão* do modelo *ensinar para compreender* (*EpC*) de Perkins e Unger[33]; também ao que, desde o modelo *ABO* (*argumentos baseados em*

---

[32] Robert Mills Gagné e Leslie J. Briggs, *op. cit.*, pp. 13-87; João B. Araújo e Clifton B. Chadwick, *op. cit.*, p. 50.

[33] David N. Perkins e Chris Unger. "Enseñar y aprender para comprender", em Charles M. Reigeluth (ed.), *op. cit.*, pp. 110-2.

objetivos) se denominam *objetivos de aprendizado*[34]; e ao *olhar para diante e refletir* do desenho educativo de adaptação flexível *Star Legacy*[35].

2ª) *Propor as interrogações*, formuladas em relação a cada tema, como perguntas que **orientem e focalizem** a atenção, mediante a **percepção seletiva** e associação dos objetivos com os respectivos conteúdos. Corresponde à fase chamada por Gagné de **compreensão**, em que se apreeendem aqueles conteúdos mais relevantes com o fim de organizar, a partir deles, os aprendizados posteriores. Em relação a outros modelos de aprendizado, essa etapa encontra correspondência no que Perkins e Unger chamam *temas gerativos* em sua já citada teoria EpC[36], e também no chamado *desafio inicial e as perspectivas múltipas* do Star Legacy[37], e ainda *na missão e notícia de primeira página* do enfoque ABO[38].

3ª) *Informar conteúdos*, **organizando e guiando** o aprendizado para o fundamental, mediante o uso de esquemas, gráficos, destaques, quadros, resumos, classificações, assim como estimulando seu aprofundamento e desenvolvimento mediante um sistema escolhido e acessível de referências bibliográficas. Tudo isso com o objetivo de estimular as fases de **aquisição, retenção e lembrança** ou recuperação de conteúdos, proporcionando **orientação** no aprendizado e facilitando os procedimentos para sua **codificação e acumulação** (agrupamento, memorização, classificação, simplificação). Têm a ver com esse momento as etapas centradas na *seleção e organização da informação pertinente* do modelo SOI (*Seleção, Organização e Integração*) de Mayer[39], assim como a apresentação de recursos e de fontes de informação dos modelos ABO[40] e EAC (*Ambientes de Aprendizado Construtivista* de Jonassen[41]), respectivamente.

---

[34] Roger C. Schank, Tamara R. Berman e Kimberti A. Macpherson, "Aprender a través de la práctica", em Charles M. Reigeluth (ed.), *op. cit.*, pp. 184-5.

[35] Daniel L. Schwartz, *et al.* "Hacia el desarrollo de diseños educativos de adaptación flexible", em Charles M. Reigeluth (ed.), *op. cit.*, pp. 203-5.

[36] David N. Perkins e Chris Unger, *op. cit.*, pp. 108-10.

[37] Daniel L. Schwartz, *et al*, *op. cit.*, pp. 205-10.

[38] Roger C. Schank, Tamara R. Berman e Kimberti A. Macpherson., *op. cit.*, pp. 185-6.

[39] Richard E. Mayer, *Pensamiento, resolución de problemas y cognición*, Barcelona: Paidós, 1986, pp. 161-3.

[40] Roger C. Schank, Tamara R. Berman e Kimberti A. Macpherson. , *op. cit.*, pp. 188-9.

[41] David H. Jonassen. "El diseño de entornos constructivistas de aprendizaje", em Charles M. Reigeluth (ed.), *op. cit.*, pp. 234-5.

4ª) *Aplicar* o aprendido em casos, situações e contextos diferentes, mediante simulações, dinâmicas ou hipóteses práticas, utilizando para isso as técnicas, os exercícios e atividades recomendados para cada tema, com a finalidade de consolidar o aprendizado mediante a **transferência** do aprendido para situações concretas. Esse momento corresponde, em termos gerais, às fases de **generalização e ativação** (Gagné) de respostas que permitem ao aluno comprovar o que aprendeu. Ainda podemos relacionar com as *representações da compreensão* do EpC[42], com o momento de *investigar e revisar* do Star Legacy[43] e também com o *papel e o cenário de operações* do modelo ABO[44].

5ª) *Avaliar* todo o processo, utilizando como indicadores fundamentais os resultados dos primeiros passos do método: primeiro, o grau de consecução dos objetivos; segundo, o grau de resposta às questões ou interrogações iniciais. Com isso chegamos à última fase que Gagné chama de **realimentação**, ao permitir ao aluno descobrir os resultados de seu aprendizado com reforço e posterior motivação para reiniciar o processo com um novo ciclo ou tema. Outros modelos se referem a essa etapa como o momento da *avaliação progressiva* (EpC de Perkins e Unger[45]), a *integração da informação nos conhecimentos prévios* (modelo SOI de Mayer[46]), a *hora das respostas (feedback)* (modelo ABO de Schank, Berman e Macpherson[47]) ou momento de *tornar públicos os conhecimentos adquiridos* do Star Legacy[48].

Como síntese do exposto, apresento um primeiro quadro do método Aprepia e outro comparado, em correspondência com outros modelos instrutivos citados:

---

[42] David N. Perkins e Chris Unger, *op. cit.*, pp. 112-4.

[43] Daniel L. Schwartz, *et. al.*, *op. cit.*, pp. 210-1.

[44] Roger C. Schank, Tamara R. Berman e Kimberti A. Macpherson, *op. cit.*, pp. 186-8.

[45] David N. Perkins e Chris Unger, *op. cit.*, pp. 114-6.

[46] Richard Mayer, *op. cit.*, pp. 163 ss.

[47] Roger C. Schank, Tamara R. Berman e Kimberti A. Macpherson, *op. cit.*, pp. 189-90.

[48] Daniel L. Schwartz, *et. al.*, *op. cit.*, pp. 212-4.

MÉTODO APREPIA[49]
(Perspectiva estática e sincrônica)

FASES DE APREPIA	ETAPAS DE APRENDIZADO	PROCESSOS IMPLICADOS	AÇÕES DE FORMAÇÃO
Apresentar os objetivos	Motivação	Expectativas	Ativar a motivação
Propor interrogações	Compreensão	Atenção/percepção seletivas	Orientar a atenção
Informar conteúdos	Aquisição	Codificação e acesso à acumulação	Estimulação da lembrança
	Retenção	Acumulação na memória	Orientação do aprendizado
	Lembrança	Recuperação	Intensificação da retenção
Aplicar o aprendido	Generalização	Transferência	Fomentar a transferência no aprendizado
	Ativação	Resposta	Proporcionar ações
Avaliar todo o processo	Realimentação	Reforço	Avaliar e estimular

---

[49] Victor J. Ventosa, *op. cit.*, 1998.

QUADRO COMPARADO COM OUTROS MODELOS DE FORMAÇÃO

APREPRIA	EPC DE PERKINS E UNGER	SOI DE MAYER	ABO DE SCHANK, BERMAN E MACPHERSON	STAR LEGACY DE SCHWARTZ, LIN, BROPHY E BRANSFORD	EAC DE JONASSEN
1º APRESENTAR OBJETIVOS	Objetivos de compreensão		Objetivos de aprendizado	Olhar adiante e refletir	Pergunta
2º PROPOR INTERROGAÇÕES	Vias de entrada: temas gerativos	Selecionar a informação pertinente	A missão (relacionada com os objetivos) e a notícia de 1ª página	O desafio inicial (em forma de pergunta, problema ou situação)	Representação, simulação e espaço de manipulação do problema
3º INFORMAR CONTEÚDOS			Recursos de informação	Perspectivas múltiplas e elaboração de ideias	Oferecer exemplos relacionados e fontes de informação
4º APLICAR	Representações da compreensão	Organizar mentalmente a informação em representações	Papel e cenário das operações (recolher, selecionar, classificar e aplicar informação)	Investigar e revisar: atividades, aplicações, experimentos e simulações	Ferramentas cognitivas de elaboração do conhecimento, conversação e colaboração
5º AVALIAR	Avaliação progressiva	Integrar a informação nos conhecimentos prévios	Respostas (*feedback*)	Tornar público: fazer-saber como meio de avaliação, autoavaliação, motivação, gratificação e legado (*Legacy*) aos demais	Apoio social contextual: modelização, reforço, tutoria, proporcionar avaliações alternativas

5. TÉCNICAS E RECURSOS PARA A PARTICIPAÇÃO

Uma vez descritos alguns modelos de aprendizado participativo e os métodos que os fundamentam, vamos nos concentrar agora em como desenvolver uma proposta metodológica completa, orientada para o aprendizado da participação, em que esta não só atue como meio, mas também como objeto do referido aprendizado.

Desse modo, pretendo complementar a fundamentação de uma didática da participação a partir do enfoque da animação sociocultural com uma metodologia e certas técnicas por meio das quais aquela pode ser aplicada em contextos concretos de intervenção socioeducativa.

Nesse sentido, as técnicas que vamos sugerir como as mais adequadas a esse propósito são técnicas de animação para a participação, reelaboradas por mim em publicação anterior[1], a partir das chamadas técnicas participativas[2], desenhadas para engajar o indivíduo em seu próprio aprendizado, através da participação nesse processo. Dessa forma, podemos dizer que todo método ativo implica participação do sujeito de aprendizado, embora, como já mencionamos, nem toda técnica participativa exija necessariamente ser realizada por uma metodologia ativa. É o caso, por exemplo, da utilização das técnicas de participação dentro do método expositivo, em que o professor, sem deixar de dirigir o processo formativo, propõe aos alunos o desenvolvimento pontual de uma atividade participativa em aula (um debate, exercício, atividade grupal etc.) que sirva de apoio à sua exposição. Portanto, a utilidade das técnicas participativas ultrapassa o marco da metodologia ativa. Não

---

[1] Victor J. Ventosa, *Métodos activos y técnicas de participación para educadores y formadores*, Madri: Editorial CCS, 2004.

[2] Laura Vargas e Graciela Bustillos, *Técnicas participativas para la educación popular*, Madri: Popular, 1993.

obstante, vou referir-me especialmente à utilização dessas técnicas em contextos grupais em que o educador, enquanto animador, divide, codirige e estimula o processo formativo junto com o resto dos membros do grupo de aprendizado.

5.1. FUNDAMENTOS DAS TÉCNICAS DE PARTICIPAÇÃO

Do que foi dito anteriormente, podemos deduzir os dois pilares sobre os quais vamos fundamentar as técnicas participativas. O primeiro é o *contexto de aprendizado* em que orientaremos as técnicas, e o segundo se refere à *função animadora* com que o educador vai utilizá-las com relação ao grupo de aprendizado. Desse modo, *educação e animação* constituem os dois eixos a partir dos quais as técnicas participativas vão adquirir sentido. Isso quer dizer que vamos encontrar sua fundamentação tanto numa aproximação educativa, como a da ASC, como a partir de ambos. Vejamos se isso é possível, procedendo nessa mesma ordem.

Uma primeira aproximação ao contexto do aprendizado nos mostra como nele intervêm dois grandes tipos de variáveis:

> *Externas*: são os fatores de aprendizado que afetam o ambiente, clima ou contexto do aprendizado e que influem indiretamente nele, tanto de maneira positiva como negativa. Em última análise, correspondem às variáveis contextuais que determinam a *manutenção* da interação didática e do clima necessário para que ocorra o aprendizado dentro de um grupo[3].

> *Internas*: são as variáveis que afetam diretamente o conteúdo do aprendizado e que, portanto, influem em seu *rendimento*. Têm a ver, portanto, com a própria maneira de selecionar, estruturar, apresentar, transmitir, receber ou elaborar os mesmos conteúdos de aprendizado. Pertencem ao que, em contraste com as anteriores, podemos chamar de variáveis textuais centradas na mesma tarefa de aprender[4].

Se agora nos perguntarmos pelo papel que representarão as técnicas participativas em relação a essas variáveis do aprendizado, se nosso argumento for consistente, deveriam servir tanto para estimular os seus fatores externos como os internos – algo que mostraremos mais adiante.

---

[3] Antonio Medina Rivilla, *Didáctica e interación en el aula*, Madri: Cincel, 1988.

[4] Jose L. Castillejo, *Pedagogía tecnológica*, Barcelona: Ceac, 1987; Charles M. Reigeluth (ed.), *Diseño de la instrucción. Teorías y modelo. un nuevo paradigma de la teoría de la instrucción*, Madri: Aula XXI-Santillana, 2000; Juan Ignacio Pozo e Carlos Monereo (coords.), *El aprendizaje estratégico*, Madri: Aula XXI-Santillana, 2002.

Agora vamos a outro pilar fundamentador, o da ASC que não afeta tanto o aprendizado quanto quem o dirige, considerando que o professor deixa de ser um transmissor de conhecimentos para converter-se em *animador-facilitador dos processos de aprendizado*. Recordemos que essa era uma condição básica para poder chegar às últimas consequências da metodologia ativa como eixo da pedagogia do século XXI. Dessa perspectiva, propõe-se o aprendizado como um *processo de comunicação* entre o educador-animador e o grupo de participantes. Por isso, deveremos recorrer à Teoria da Comunicação para descobrir as funções básicas que atuam nesse processo. Isso nos permitirá construir um marco teórico comum que sirva para encontrar uma explicação conjunta que fundamente o sentido das técnicas participativas tanto enquanto técnicas de aprendizado como de animação.

Para isso, partiremos da consideração da *ASC como um sistema de comunicação* e, por isso, definimos o *educador-animador como um comunicador* cuja função essencial é a de dinamizar e facilitar a interação entre os membros de um grupo[5], fazendo-se de *mediador* entre as necessidades formativas destes e as possíveis respostas que a instituição formativa oferece.

Ao entendermos a ASC como um sistema de comunicação, partimos das análises já aplicadas ao campo educativo[6] extrapolando-o ao que entendemos ser um subsistema deste: o da ASC como âmbito da educação[7]. Nesse sentido, os componentes básicos da teoria da comunicação se dão igualmente em todo o processo de animação[8]:

a) *Um emissor*: o animador, mediador ou equipe de animação que impulsiona inicialmente o programa.

b) *Uma mensagem*: os conteúdos da animação entendidos como conjunto de técnicas, atividades e recursos que compõem o programa.

c) *Um receptor*: o coletivo ou grupo de destinatários do programa que, por sua vez, se transformam em emissores mediante o funcionamento de sistemas bidirecionais de comunicação e retroalimentação (*feedback*).

---

[5] Gerardo García Alvarez, *Interacción social y animación juvenil*, Madri: Popular, 1990.
[6] Jaume Sarramona (ed.), *Comunicación y educación*, Barcelona: Ceac, 1988.
[7] Mario Viché, *Animación, sistema de comunicación*, Valência: Dissabte, 1991.
[8] Victor J. Ventosa, *op. cit.*, 1998; Mario Viché, *Una pedagogía de la cultura: la animación sociocultural*, Saragoça: Certeza, 1999.

d) *Um canal*: o suporte, espaço ou infraestrutura de onde se desenvolve o programa.

Em razão do mencionado, podemos concluir afirmando que a Teoria da Comunicação resulta duplamente consistente na hora de fundamentar a função animadora do educador – e, portanto, suas técnicas correspondentes de intervenção – na hora de abordar, a partir de um enfoque ativo, os processos de ensino e aprendizado. Isso nos foi comprovado tanto pelas margens educativas (concretamente, nos referimos às variáveis do aprendizado) como pelo lado da animação (funções do animador com respeito ao grupo de aprendizado). No primeiro caso, as variáveis do aprendizado nas quais pode influir o educador-animador (externas-internas) correspondem às dimensões fundamentais de todo ato comunicativo (manutenção-tarefa). Com respeito ao segundo caso, também comprovamos que as funções básicas do educador, enquanto animador da formação, coincidem com as mesmas funções comunicativas: uma missão possibilitadora, acolhedora e integradora, centrada em facilitar a criação de um bom clima relacional entre os membros do grupo (manutenção); e outra missão ordenadora e delimitadora, orientada para possibilitar o rendimento do grupo na hora de consolidar um bom aprendizado por parte de seus membros[9]. A tarefa de um autêntico animador de um grupo formativo, portanto, se resume a facilitar seu bem-estar e seu rendimento. Ambos os vetores, como tal, não são independentes, mas mantêm uma estreita relação de complementaridade em que se fundamenta, em última instância, a condição de possibilidade da animação educativa orientada para a estimulação do aprendizado.

5.2. PAPEL DO EDUCADOR COMO ANIMADOR DOS PROCESSOS DE APRENDIZADO

A definição dada anteriormente do animador como *comunicador* está na base de sua principal função: a de mediador ou intermediário entre as necessidades, interesses e demandas do grupo ou comunidade e as possibilidades de resposta das instituições socioculturais. Essa tarefa acarreta uma série de funções básicas que derivam, consequentemente, da dupla dimensão que tem toda ação animadora enquanto ato comunicativo de um grupo, e que não são outras senão as que a

---

[9] Francesc Codina e Enrique Deltoro, *Apuntes básicos para el animador juvenil*, Saragoça: Certeza, 1993; Antoni Juliá i Bosch, "El educador social: una figura profesional surgida de diversas pràcticas e identidades profesionales", em *Actas del Primer Congreso de Educación Social*, 1995.

Teoria da Comunicação atribui à linguagem[10]: *a função orientada para a manutenção e a função orientada para a tarefa*. É o que Habermas, em sua *Teoria da Ação Comunicativa* chama de *meio comunicativo e meio de transmissão de informação*, respectivamente (1989). Partindo desse pressuposto, aglutinarei as funções fundamentais do animador ao redor de cada uma dessas dimensões. Desse modo, podemos afirmar que as tarefas da animação, com respeito a um grupo de formação, podem ser agrupadas com dupla vertente[11]:

Função relacional orientada para a manutenção: o desenvolvimento e seguimento grupal

Essa faceta da animação corresponde, no plano do aprendizado, às já mencionadas variáveis externas e, desde o ponto de vista socioeducativo, cumpre, como já dissemos, uma função *acolhedora* e *possibilitadora*[12] orientada para o desenvolvimento e a maturação do grupo, através da dinamização das relações interpessoais entre seus membros. A manutenção de um grupo consta, portanto, de dois fatores: um centrado no grupo e nas etapas por que transita seu desenvolvimento; o outro se centra no animador e na continuidade do processo. *Desenvolvimento e acompanhamento grupal* constituem, desse modo, as duas faces de uma mesma moeda, dois aspectos de uma mesma dimensão que se entrecruzam e se complementam, a modo de trama e urdidura, de tal modo que a cada etapa do desenvolvimento grupal corresponde um tipo de desdobramento distinto, como veremos na continuação. Nesse sentido, podemos condensar em três as etapas fundamentais por que passa a evolução de um grupo[13]:

1. Início: etapa em que o grupo nasce e dá seus primeiros passos. Lewin se refere a essa fase como momento de desbloqueio ou degelo e Tuckman a subdivide em duas etapas, as de formação e de conflito[14]. É o momento da apresentação e do conhecimento inicial de seus membros, os primeiros tateios relacionais, as primeiras distribuições de papéis e o confronto de expectativas iniciais. Nessas circunstâncias, os membros do grupo tentam adaptar-se à nova situação, para o que é necessário que o animador saiba transmitir grandes

---

[10] Jürgen Habermas, *El discurso filosófico de la modernidad*, Madri: Taurus, 1989. Edição brasileira: *O discurso filosófico da modernidade*, São Paulo: Martins Fontes, 2000.

[11] Francesc Codina e Enrique Deltoro, *op. cit.*, pp. 11 ss.

[12] *Ibidem*; Antoni Juliá i Bosch, *op. cit.*

[13] Kurt Lewin, *La teoría del campo en la ciencia social*, Barcelona: Paidós, 1988; Victor J. Ventosa, *Fuentes de la animación sociocultural en Europa*, Madri: Editorial CCS, 2002.

[14] *Ibidem*; ibidem.

doses de entusiasmo, de segurança e de estímulo ao grupo. O *acompanhamento* por parte do animador nesse momento há de ser permanente e de natureza basicamente afetiva. Por essa razão, os esforços do animador serão dirigidos para impulsionar e gerar confiança entre os membros do grupo, assim como para estabelecer as bases para o início de uma comunicação que se fará mais fluida na fase posterior, procurando unir interesses e expectativas. Os *indicadores mais apropriados* para poder conduzir essa etapa são:

» *Comunicação grupal*: medida em função do grau de diálogo e do número de contribuições e propostas surgidas no grupo.

» *Confiança grupal*: segundo o processo de mudança experimentada no grupo entre os polos extremos de inibição-desinibição.

» *Busca de identidade*: definida em relação ao grau de clareza e de unificação de objetivos comuns ao grupo.

» *Assistência*: calculada em função de fatores tais como a pontualidade e as ausências injustificadas às reuniões e compromissos do grupo.

2. Crescimento: depois do contato inicial e da posterior adaptação do grupo à sua nova situação, este entra em uma fase de desenvolvimento comunicativo e expansão criativa – que Lewin chama de *mudança* e Tuckman de *adoção de regras*[15] –, com vistas a uma progressiva estruturação e organização entre seus membros. Surgem as necessidades de formação para poder atender a esses novos requerimentos e o animador, por isso, terá de adotar um seguimento formativo-organizativo a respeito dos membros do grupo. Uma vez atendidas as necessidades iniciais que a dinâmica de um grupo primário sugere, este entra numa fase criativa e organizativa, na qual o grupo vai crescendo em autonomia, identidade e rendimento.

O acompanhamento que um grupo nesse período precisa não é de tanta intensidade como no anterior. De maneira bem simplificada, podemos afirmar que se vai passar de um acompanhamento permanente, progressivamente, a outro igualmente sistemático e estável, mas de tipo periódico, espaçado em intervalos de tempo cada vez mais amplos, à medida que o grupo vá assumindo mais e maiores cotas de responsabilidade e iniciativa.

---

[15] *Ibidem*; *ibidem*.

Embora na etapa anterior situássemos as tarefas de acompanhamento no círculo afetivo e relacional, nesse segundo momento o animador há de concentrar seu acompanhamento nas funções *organizativas*, tais como a estruturação grupal, a distribuição de funções, a articulação de comissões de trabalho e as *formativas* (capacitação de membros, autoanálise, reflexão, busca de identidade). Como *indicadores* de andamento mais propícios para essa etapa, destacamos os seguintes:

» *Gratificação grupal*: na dependência do progressivo cumprimento das expectativas saídas do grupo em sua primeira etapa.

» *Nível de organização*: calculado segundo o grau de distribuição e cumprimento de tarefas.

» *Ritmo de trabalho*: dado pelo grau de continuidade do trabalho grupal ao longo do tempo. Isto é, a relação volume de trabalho/tempo ocupado.

» *Volume de trabalho*: que se refere à quantidade de trabalho realizada pelo grupo em termos absolutos e comparativamente (com outros grupos ou com o próprio, ao longo do tempo).

» *Grau de cumprimento*: calculado em porcentagens de objetivos previamente propostos.

» *Criatividade*: avaliada em relação ao número de ideias, propostas, adaptações, apropriações e contribuições originais que saiam de dentro do grupo.

3. Maturidade: etapa também chamada de consolidação e estabilização (Lewin e Tuckman, respectivamente), é o momento em que o grupo alcança sua plena autonomia, consolidando-se como um sistema auto-organizado, capaz de funcionar por si mesmo e em que o animador há de adotar um acompanhamento pontual e de *assessoramento*, atuando tão somente de forma subsidiária. Podemos verificar o andamento dessa fase por meio de indicadores, tais como:

» *Participação comunitária*: vem a ser o último passo de um projeto grupal. O comprometimento do trabalho de um grupo no contexto comunitário em que está imerso supõe a culminação do acompanhamento e coincide com o objetivo da animação. Tal empenho pode materializar-se através de diversas vias.

» *Participação do grupo em seu meio*: com base em acontecimentos, projetos, convênios com outros grupos ou entidades da região. Isso refletirá o nível de implicação direta ou indireta do grupo nos problemas e responsabilidades sociais, políticas, culturais ou econômicas do lugar. Tendo o grupo adquirido esse perfil, representa então para sua comunidade um autêntico recurso de apoio, uma alavanca de desenvolvimento, longe de se ver reduzido a um adorno ou cenáculo isolado.

» *Participação da comunidade na vida do grupo*: isso chega a suceder quando a comunidade termina identificando-se com os ideais e projetos do grupo. A capacidade de aglutinar, o impacto social de suas ações, a sintonia com a sensibilidade do meio são aspectos que podem ajudar a avaliar esse indicador.

» *Variações grupais*: detectadas em função do movimento interno dos membros do grupo. Segundo esse indicador, podemos encontrar grupos estáveis, ampliados, reduzidos ou desarticulados.

» *Transferências grupais*: constituem a fecundidade de um grupo, quer dizer, é seu grau de reprodução, assentamento associativo ou qualquer outro processo surgido a partir da dinâmica sociocultural, desencadeado a partir do grupo originário, como resultado de efeitos multiplicadores de sua ação (grupos afiliados, subgrupos, federações etc.).

Como síntese e recapitulação de tudo o que foi dito nesta passagem, apresentamos um quadro descritivo do processo de desenvolvimento grupal:

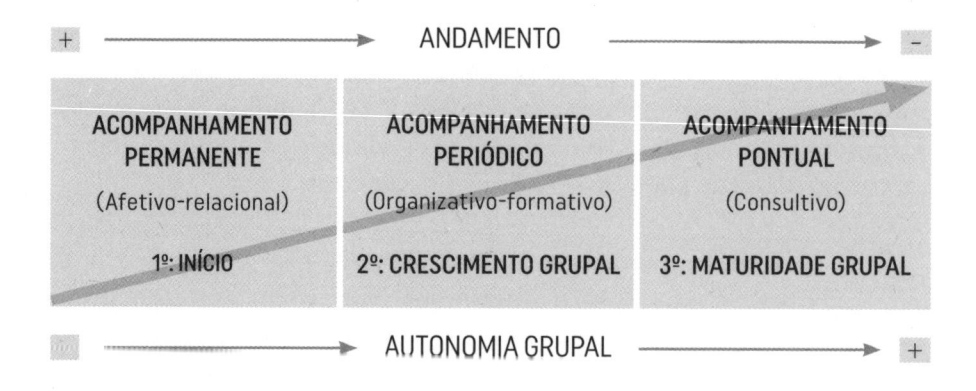

+ ANDAMENTO −		
ACOMPANHAMENTO PERMANENTE (Afetivo-relacional)	**ACOMPANHAMENTO PERIÓDICO** (Organizativo-formativo)	**ACOMPANHAMENTO PONTUAL** (Consultivo)
1º: INÍCIO	2º: CRESCIMENTO GRUPAL	3º: MATURIDADE GRUPAL
AUTONOMIA GRUPAL +		

Como se pode observar, ao longo dessa evolução grupal, o animador deve ir adaptando seu acompanhamento às necessidades e características pelas quais vai passando o grupo em seu processo de amadurecimento. Tudo isso por meio de uma estratégia que sincronize, de maneira inversamente proporcional, o acompanhamento grupal do animador com a autonomia que vai adquirindo progressivamente o grupo. De forma que, à medida que o grupo vai ganhando autonomia, o acompanhamento e a presença do animador diminuam, até que a missão do educador, enquanto animador, culmine com a não necessidade dele para o grupo. É então que podemos afirmar que a missão da animação se cumpriu.

Função de rendimento orientada para a tarefa: o desenvolvimento de projetos como método de aprendizado
Apesar da importância que tem a função relacional para a manutenção e o desenvolvimento harmônico de um grupo, essa dimensão encontra seu pleno sentido ao servir para que aquele alcance uma finalidade comum. Do contrário, a animação grupal ficaria incompleta, reduzida a uma de suas dimensões, e o grupo permaneceria imaturo, fechado em si mesmo, sem projetar-se para o exterior. Para que um grupo se consolide como tal, há de se propor uma tarefa comum, já que só por meio de práticas compartilhadas um coletivo pode chegar a se converter no que Wenger chama uma "comunidade de prática"[16]. Essa prática comum cria vínculos reconhecíveis entre seus participantes e, portanto, contribui para gerar uma identidade grupal que, por sua vez, alimentará o sentido de pertencimento de seus membros, base de uma comunidade. Desse modo, a dimensão relacional prepara o caminho e cria o clima adequado para que o grupo atue em comum, em razão de uma determinada meta. Essa ação orientada para metas na intervenção socioeducativa se estrutura em torno de projetos e, por isso, o animador pode estimulá-la por intermédio da administração adequada de técnicas de participação cuja finalidade principal se oriente precisamente ao desenvolvimento de tarefas organizadas em torno das etapas de um projeto.

Em razão do exposto, chamaremos o papel que aglutina essa missão de *função de rendimento*, com finalidades *ordenadoras e limitadoras*[17], complementares à *função relacional* e se orienta para a *tarefa*, perseguindo, mais do que os processos, como na outra dimensão, os resultados enquanto metas ou objetivos que o

---

[16] Fritjof Capra, *Las conexiones ocultas*, Barcelona: Anagrama, 2003, pp. 146-7. Edição brasileira: *As conexões ocultas*, São Paulo: Cultrix, 2002.

[17] Francesc Codina e Enrique Deltoro, *op. cit.*; Antoni Juliá i Bosch, *op. cit.*

grupo há de alcançar. Para isso, o educador-animador deve procurar estimular os participantes para que se proponham a realização de projetos determinados, em função de seus interesses e necessidades formativas, nos quais possam integrar os conteúdos de aprendizado, abrindo caminho e impulsionando seu desenvolvimento através das etapas básicas por que passa qualquer projeto:

> 1. **Fundamentação e diagnóstico**, a partir do conhecimento do meio e da análise grupal de interesses e necessidades.
>
> 2. **Planificação** de ações a partir do diagnóstico resultante da etapa anterior.
>
> 3. **Intervenção** ou execução das atuações previamente planejadas por parte do grupo e acompanhamento por parte do animador.
>
> 4. **Avaliação**, comprovando coletivamente os resultados e avaliando com o grupo todo o processo, à luz das pretensões iniciais.

5.3. MODELO INTEGRAL DE FORMAÇÃO PARA A PARTICIPAÇÃO

Para que o animador possa cumprir com suas funções, tal como as descrevemos anteriormente, precisa do conhecimento e do manejo de uma série de técnicas e instrumentos de intervenção que podem ser aplicados de uma maneira rigorosa e sistemática, dentro da necessária flexibilidade que há de caracterizar esse tipo de tarefa. Disso dependerá não só o profissionalismo de seu trabalho, como também sua eficácia. Essas técnicas deverão ser utilizadas desde o conhecimento e controle que o animador terá a respeito das sucessivas etapas pelas quais vai passando o grupo com que ele trabalha. Por isso, não basta só dominar cada técnica, mas tem que saber *o que* se pode e se quer conseguir com ela e *quando* e *para que* deve ser aplicada. Do contrário, corre-se o risco frequente do ativismo cego e, a longo prazo, frustrante, derivado da consideração das atividades e técnicas como fins em si mesmas, em vez de entendê-las apenas como meios ou recursos do processo de animação grupal. A classificação que ofereço em seguida se fundamenta na dupla função básica com que caracterizei todo o processo estabelecido entre o animador e o grupo de aprendizado. Uma classificação que, como já mostrei, encontra sua explicação e fundamento último na Teoria da Comunicação, que corresponde às funções metodológicas do animador e que ofereço por meio de um modelo que integra ambas as dimensões, de acordo com o seguinte gráfico:

TEORIA GERAL DA COMUNIÇÃO

	Técnicas orientadas à manutenção ou relação grupal		Técnicas orientadas à tarefa ou rendimento grupal		
ETAPAS DO DESENVOLVIMENTO GRUPAL	1ª INÍCIO	Técnicas de apresentação, conhecimento e confiança	Técnicas de análise	1ª FUNDAMENTO E ANÁLISE DO MEIO	ETAPAS DO DESENVOLVIMENTO DE PROJETOS
	2ª CRESCIMENTO	Técnicas de comunicação, motivação e criação de clima	Técnicas de planificação	2ª PLANIFICAÇÃO	
			Técnicas de intervenção e acompanhamento	3ª INTERVENÇÃO	
	3ª MATURIDADE	Técnicas de criatividade, consolidação, projeção e inovação	Técnicas de avaliação	4ª AVALIAÇÃO	
	Função relacional (possibilitadora, acolhedora)		Função produtiva (ordenadora)		

METODOLOGIA GERAL DA ANIMAÇÃO SOCIOCULTURAL

A classificação que apresento a seguir se baseia no marco teórico e taxionômico representado no gráfico anterior e as técnicas às quais farei referência constituem uma seleção dentre muitas técnicas existentes[18], a partir da seleção dos resultados e das adaptações com que a prática profissional e docente me brindou durante anos.

---

[18] Fernando Jiménez Hernández-Pinzón, *La comunicación interpersonal: ejercicios educativos*, Madri: ICCE, 1977; Fernando Cembranos, David M. Montesinos e María Bustelo, *op. cit.*; Amani, *Educación intercultural: análisis y resolución de conflitos*, Madri: Popular, 1994; Maria José Aguilar, *Cómo animar un grupo*, San Isidro: ICSA, 1990; (edição brasileira: *Como animar um grupo*, São Paulo; Vozes, 2004) Alfonso Francia e Javier Mata, *Dinámica y técnicas de grupos*, Madri: Editorial CCS, 1999; Celso Antunes, *Manual de técnicas de dinámica de grupo, de sensibilización y lúdico-pedagógica*, Buenos Aires: Lumen, 1992; (edição brasileira: *Manual de técnicas de dinâmica de grupo*, São Paulo: Vozes, 2012); Laura Vargas e Graciela Bustillos, *op. cit.*; Maria Luisa Fabra, *Técnicas de grupo para la cooperación*, Barcelona: Ceac, 1994; Claves, *Aprendiendo a organizar nuestra asociación*, Madri: Popular, 1994; Klaus W. Vopel, *Juegos de interacción. Manual para el animador de grupos*, Madri: Editorial CCS, 1995; Sindo Froufe, *Técnicas de grupo en animación comunitaria*, Salamanca: Amarú, 1998; Victor J. Ventosa, *Educar para la participación en la escuela*, Madri: Editorial CCS, 2003.

5.3.1. TÉCNICAS RELACIONAIS: CENTRADAS NA MANUTENÇÃO DA PARTICIPAÇÃO

São todas aquelas dinâmicas orientadas para favorecer o desenvolvimento e a evolução grupal em sua dimensão contextual e relacional, desde sua fase inicial até sua consolidação e maturação. Ao longo desse percurso, vai sendo proposta aos membros do grupo uma série de necessidades relacionais, contextuais e grupais, vinculadas ao aprendizado, que é preciso atender convenientemente para facilitar seu processo formativo e de amadurecimento. Nesse sentido, as técnicas participativas atuam como meios que, convenientemente manejados por um educador, servem para facilitar e guiar de maneira sistemática sua intervenção socioeducativa.

1. PARA A FASE DE INÍCIO GRUPAL

Técnicas para a apresentação grupal
Correspondem à primeira necessidade que se propõe a um grupo no momento em que se forma. Dentro dessa categoria, portanto, temos de incluir todas aquelas técnicas participativas dirigidas a apresentar os membros de um grupo em formação, cujos membros ainda não se conhecem. Como exemplo, proponho as seguintes:

TÍTULO – AUTORES E INTÉRPRETES

OBJETIVOS
✓ Animar a apresentação dos membros do grupo.
✓ Dar início ao conhecimento interpessoal.
✓ Associar a apresentação de um tema formativo com a dos membros do grupo de formação e conhecer suas expectativas a respeito.

DESCRIÇÃO
1. Cada participante dispõe de um pedaço grande de cartolina no qual deve escrever o título de uma canção e o nome da pessoa (ou pessoas) que a canta. Depois, com a ajuda de uma tesoura, separa as duas informações, de tal maneira que cada uma permaneça escrita em um pedaço da cartolina, separada da outra. Os cantores são postos num saco ou bolsa, e as canções em outro.

2. Uma vez que todos tenham escrito e separado cada canção selecionada, o animador passa diante deles para que escolham uma cartolina de cada. Na sequência (com música ambiente), cada um começa a busca, primeiro, do/da

intérprete da canção que lhe coube. Uma vez que o/a encontre, vão se entrevistar para conhecer os dados mais significativos de seu companheiro (nome, idade, procedência, *hobbies* etc.). Quando tiverem terminado, continuam a busca pela outra informação que possuem, a canção para seu cantor/cantora, e repetem a mesma operação com o companheiro que encontrarem.

3. No momento em que todas as canções estiverem reunidas com seus cantores, os jovens fazem um círculo e vão apresentando as pessoas que encontraram. Por exemplo, minha cantora é Rihanna e a canção que lhe corresponde é "Diamonds", que Paulo tinha escolhido (e conta o que sabe de Paulo). Quando todos tiverem completado os cantores, passam às canções; por exemplo, minha canção é "Loca" e os cantores são Enrique Iglesias e India Martínez (e ambos os companheiros se apresentam mutuamente).

MATERIAL
✓ Sala grande
✓ Música para ambientar
✓ Canções e compositores/cantores escritos em cartolina, dividida em duas partes
✓ Tesouras

OBSERVAÇÕES DIDÁTICAS
✓ É importante que todas as folhas utilizadas sejam idênticas, com o objetivo de não haver novas pistas que ajudem a encontrar a outra metade da informação.

✓ Essa técnica é uma variante da técnica dos "refrões ou dos versos"[19] em que se pode propor refrões em geral, ou sobre temáticas concretas relacionadas com o conteúdo das sessões formativas. Assim mesmo, essa técnica pode ter outras aplicações didáticas, mudando os refrões por frases que tenham a ver com a matéria ou o tema do curso: unir datas com acontecimentos históricos correspondentes (história), títulos de obras com seus autores respectivos (literatura), símbolos químicos com seus nomes (química).

✓ Outra variante consiste em mudar as duplas de compositores-intérpretes por duplas de animais (macho-fêmea, representação do animal-seu nome), para que na fase de busca cada um procure seu par mediante gestos ou sons representativos do animal que lhe coube.

---
[19] Victor J. Ventosa, *op. cit.*, 2004, p. 118.

TÍTULO – O DETETIVE

OBJETIVOS
✓ Continuar com o conhecimento interpessoal iniciado com a primeira técnica.
✓ Valorizar os aspectos positivos de um companheiro.
✓ Aprender as preferências e dados principais dos membros do grupo.

DESCRIÇÃO
1. O animador distribui uma cartolina para cada participante e dá as seguintes instruções:
   › No ângulo superior direito da cartolina, escrever dois adjetivos que melhor o definam.
   › No ângulo superior esquerdo, escrever duas preferências.
   › No ângulo inferior direito, duas coisas que tenha feito e das quais se sinta orgulhoso.
   › No ângulo inferior esquerdo, dois sonhos que tenha na vida.

2. Uma vez feito isso, o animador recolhe as cartolinas e as distribui entre os participantes, de tal maneira que ninguém fique com a sua.

3. Em seguida, pede a todos que se façam de detetives para encontrar o dono da cartolina, formulando perguntas sem expressar, em momento algum, o que diz a cartolina.

4. Se a resposta for positiva, se seguem outras perguntas, até assegurar-se de que é a pessoa correta. Se a resposta for negativa, continua buscando.

5. Uma vez encontrado, escreve o nome na cartolina e a deixa sobre uma mesa.

6. Quando todas as cartolinas tiverem sido associadas a seus donos/donas, elas são colocadas nas paredes da sala (cada um pendura a sua).

OBSERVAÇÕES DIDÁTICAS
✓ É importante que todos os participantes sejam sinceros para que o conhecimento entre eles seja real.
✓ Uma vez que todas as cartolinas estejam penduradas na parede, é aconselhável que os participantes leiam, uma a uma.

TÍTULO – APRESENTAÇÃO POR PARES

OBJETIVOS
- ✓ Início de um processo grupal mediante a apresentação de seus membros.
- ✓ Conhecer os nomes dos membros do grupo.

DESCRIÇÃO

1. O animador propõe ao grupo a formação de pares segundo critérios variados (idade, trabalho, estudos, gostos etc.). Deve-se trocar informação entre cada par segundo o tema que o reuniu: nome, expectativas de trabalho, gostos pessoais.

2. Conversar durante cinco minutos em par.

3. No grande grupo, cada participante apresenta seu par com os dados recolhidos no diálogo anterior.

OBSERVAÇÕES DIDÁTICAS

- ✓ Essa técnica é adequada para o início de qualquer atividade grupal em que seus membros não se conheça ou venham de lugares distintos.
- ✓ Uma variante pode ser a comparação com algum animal ou elemento da natureza, dizendo o que há em comum com o elemento de identificação.
- ✓ Se o grupo já se conhece, pode-se pedir para que cada membro do par represente a imagem que tem do outro com palavras ou com expressão corporal.

TÍTULO – APRESENTAÇÃO MUSICAL

OBJETIVOS
- ✓ Apresentação e conhecimento inicial dos nomes dos membros de um grupo.

DESCRIÇÃO

1. Cada um dos participantes escreve seu nome numa etiqueta adesiva.

2. Colocados todos em círculo, deixa-se um tempo de não mais de um minuto para ler os nomes dos demais e memorizá-los, associando-os a seus donos.

3. Põe-se uma música ambiente enquanto todos os participantes transferem seus cartões para os companheiros da direita.

4. Ao parar a música, deve-se parar a transferência dos cartões, momento em que cada um tem dez segundos para encontrar a pessoa que corresponda ao nome escrito no cartão que tem em mãos.

OBSERVAÇÕES DIDÁTICAS
✓ Essa dinâmica também pode ser utilizada como técnica de distensão. Nesse caso, cada participante pode escrever no cartão, em vez de seu nome, uma prova a ser realizada e, ao fim da música, o animador escolhe três ao acaso para realizar a prova que lhes tenha correspondido.

Técnicas para gerar conhecimento e confiança grupal
Após a apresentação inicial dos componentes de um grupo, este deve avançar no conhecimento de seus membros. Para isso é imprescindível criar um clima prévio de confiança, que permita e anime o aprofundamento de tal processo. O animador deve primeiro inspirar essa confiança e depois transmiti-la a todo o grupo. Com essa finalidade existe uma série de dinâmicas e de técnicas de animação especialmente dirigidas ao cumprimento desses objetivos, algumas das quais mostro a seguir:

TÍTULO – RADIOGRAFIA

OBJETIVOS
✓ Conhecer-se melhor.
✓ Comunicar e compartilhar sentimentos com outras pessoas.

DESCRIÇÃO
1. O animador dá uma folha a cada jovem com um quadro a preencher.

2. O quadro é preenchido individualmente.

3. Formam-se pares, que comentam o que escreveram a fim de compreender-se e se aconselhar.

MATERIAL
✓ Uma folha com o quadro a preencher:

COMO EU SOU	COMO GOSTARIA DE SER	COMO GOSTARIA QUE OS OUTROS ME VISSEM
Qualidades. Habilidades. Virtudes e defeitos.	Metas. Ilusões.	No trabalho. Nos estudos. Em casa. Em meu grupo de amigos.

OBSERVAÇÕES DIDÁTICAS

✓ É importante que todos os participantes sejam sinceros na expressão de seus sentimentos, assim como que se envolvam na atividade.

✓ Para que a atividade se desenvolva segundo os objetivos marcados, os participantes devem eleger um par com quem se sintam realmente à vontade para expressar seus sentimentos.

TÍTULO – A RODA DUPLA

OBJETIVOS
✓ Criar um clima relaxado e descontraído.
✓ Fazer uma pausa numa reunião ou sessão de trabalho.

DESCRIÇÃO

1. Separam-se os participantes em dois grupos iguais e se coloca cada grupo formando um círculo, unido pelos braços e olhando para fora do círculo.

2. Outro grupo se coloca ao redor do círculo anterior, unido pelas mãos e olhando para dentro, de tal forma que cada membro do círculo exterior coincidirá com outro do círculo de dentro, que será seu par, e por isso deverá fixar-lhe bem.

3. Identificados, os pares ficam de costas e os dois grupos seguem unidos pelas mãos.

4. Em seguida, os círculos devem mover-se para sua esquerda, ao ritmo de uma determinada música que o animador terá preparado para a ocasião, de modo que cada círculo avance em sentido contrário ao do outro.

5. Ao parar a música, cada um terá que buscar o par inicial, dar-lhe as mãos e sentar-se no chão, de maneira que o último par a fazer isso será eliminado e terá que sair do círculo. Continua-se com a dinâmica de maneira sucessiva, até que reste o último par, que será o ganhador.

OBSERVAÇÕES DIDÁTICAS

✓ Com o objetivo de não excluir os eliminados, pode-se formar um corpo de jurados que vá determinando que pares sairão do círculo.
✓ Essa dinâmica também pode ser utilizada como técnica de conhecimento grupal.
✓ Essa técnica é muito eficaz para qubrar o gelo nos primeiros encontros, assim como para fazer com que todos os membros se relacionem com os demais, rompendo os tradicionais subgrupos de amigos ou afinidades.
✓ Também é uma técnica muito versátil, dado que se pode adaptar a qualquer tema ou conteúdo em função do tipo de pergunta que incorporemos à ficha.
✓ Além de ser utilizada como técnica de apresentação e, portanto, relacional, pode ser utilizada como técnica centrada na tarefa ou no rendimento do grupo, se as perguntas corresponderem aos conteúdos do curso ou da atividade formativa que se esteja fazendo.
✓ De minha parte, quase sempre a uso como técnica mista (relacional e produtiva ou de rendimento) para iniciar um processo participativo e, ao mesmo tempo, para sondar os conhecimentos iniciais ou de base que um grupo tenha ante um determinado tema que temos de abordar e, desse modo, adaptar o ensino ao referido nível.

TÍTULO – ME CHAMO E GOSTO

OBJETIVOS

✓ Aprender os nomes e as preferências dos membros de um grupo.
✓ Introduzir um conhecimento interpessoal aos participantes de um grupo.

DESCRIÇÃO

1. Dispostos todos em pé e em círculo, o primeiro participante (pode ser o animador) diz seu nome e expressa corporalmente uma preferência pessoal.

2. O seguinte faz o mesmo e repete a apresentação do compaheiro anterior, e assim sucessivamente, até completar toda a roda de participantes.

OBSERVAÇÕES DIDÁTICAS

✓ Se o grupo ultrapassa vinte membros, é conveniente fazer vários círculos para evitar sobrecarregar excessivamente a memória dos participantes, ou então reiniciar o processo quando este chegar à metade.

✓ No caso de os participantes serem crianças ou terem dificuldades de memória, associada à idade ou a algum tipo de incapacidade, convém reduzir ainda mais o número de membros ou de ciclos em cada círculo, administrando ajudas (pistas, indícios) aos participantes quando for necessário.

✓ É importante que a reapresentação corporal das preferências de cada um seja feita com segurança e clareza para facilitar a associação entre nome e preferência.

2. PARA A FASE DE CRESCIMENTO GRUPAL

Técnicas para animar a comunicação

A continuidade e o aprofundamento no conhecimento e no crescimento grupal iniciado nas etapas anteriores vão depender, em grande medida, de que se abra e se consolide a comunicação entre os membros do grupo. Isso deve ser facilitado tanto através da linguagem verbal como da não verbal, em suas dimensões objetiva e subjetiva, e diferenciando a comunicação unidirecional da bidirecional, esta última muito mais efetiva para se conseguir o pretendido, graças às vantagens do *feedback* ou retroalimentação informativa que os membros do grupo devem descobrir e exercitar.

TÍTULO – O ENIGMA

OBJETIVOS

✓ Descobrir as variáveis mais importantes que intervêm na comunicação.
✓ Desenvolver a comunicação e a criatividade.
✓ Treinar-se na resolução de problemas por meio do trabalho em equipe.
✓ Aprender a investigar de forma participativa e em equipe.

DESCRIÇÃO

1. O objetivo dessa dinâmica é a resolução de um enigma que se apresenta a um grupo através de uma pequena narração, que será lida no princípio.

2. Para isso, divide-se o grande grupo em duas ou mais equipes. A primeira será a equipe de investigadores encarregados de resolver o enigma mediante perguntas dirigidas ao animador – o único que deve saber a solução. Tais perguntas poderão ser dirigidas e organizadas conforme a estratégia previamente estabelecida pela equipe de investigação, tendo-se em conta que o animador só poderá responder de três formas: SIM, NÃO ou NÃO SEI.

3. Enquanto isso, o resto do grupo se dedicará a observar, anotar e analisar o processo de comunicação que se estabelece entre os investigadores e o animador, a partir das seguintes variáveis:
> Número e tipo de respostas dadas.
> Estrutura grupal: formação de subgrupos, evolução ou mudança de posturas, movimentos e atitudes grupais.
> Atmosfera grupal: evolução do clima psicológico (tensão, ansiedade, desacordo), influências negativas e positivas.
> Liderança: aparecimento de condutas de direção, controle ou centralização de atenção, níveis de participação.
> Organização: aparecimento – espontâneo ou formal – de papéis característicos dentro do grupo: o problematizador, o reformulador, o engraçado, o obstrutor, o reflexivo etc.
> Progresso: possíveis fases desencadeadas no itinerário da equipe de investigação até a solução do enigma.

MATERIAL

✓ Folha com o texto da charada:
"Em uma reunião se encontram um engenheiro, um professor, um advogado e um médico. Chamam-se, mas não nesta ordem, Vítor, Jorge, Carlos e Oscar.

1. Vítor e o professor não mantêm uma boa relação com Carlos.
2. Jorge é um bom amigo do médico.
3. Carlos se relaciona bem com o advogado.
4. O engenheiro é muito amigo de Oscar e do médico.
Com todos esses dados, você pode descobrir qual é a profissão de cada um dos quatro personagens?"

Solução: A partir do item 1, se deduz que Carlos não é o professor. Pelo item 3, sabemos que tampouco é advogado. O item 4 nos diz que o engenheiro é amigo de dois dos outros três homens. Se nos fixamos outra vez no item 1, veremos que Carlos tem certa inimizade com dois deles; portanto, Carlos não pode ser engenheiro. Forçosamente, então, Carlos é o médico. Voltemos ao item 1: o professor não é Vítor nem Carlos e, segundo o item 2, não é Jorge, porque este tem boa relação com o médico, que já sabemos que é Carlos. O professor deve ser Oscar. Dos dois homens que faltam, e voltemos ao item 1, Vítor não tem boas relações com Carlos, e por isso (item 4), se pode dizer que Vítor não pode ser o engenheiro. Assim, pois, Jorge é engenheiro e Vítor é advogado. Resumindo: Carlos é médico, Oscar é professor, Jorge é engenheiro e Vítor, advogado.

Como explicar racionalmente essa história?

✓ Folhas e canetas para o registro dos dados estabelecidos na análise da comunicação.

OBSERVAÇÕES DIDÁTICAS

✓ Pode ser ilustrativo reparar nas interessantes analogias que se podem estabelecer entre a situação criada na resolução desse ou de outro enigma e a de uma equipe de investigação que há de aplicar o método científico hipotético-dedutivo para poder avançar em seus descobrimentos. A partir daí, essa dinâmica pode ser utilizada como técnica participativa para treinar um grupo em metodologia da investigação.

TÍTULO – DITADO POR EQUIPES

OBJETIVOS
✓ Fomentar a comunicação e descobrir seus limites e dificuldades.
✓ Diferenciar entre a comunicação unidirecional e a bidirecional.

DESCRIÇÃO
1. Organizam-se duas equipes com cinco ou seis membros. Cada equipe tem um cartaz secreto de desenhos geométricos que deve ditar para o outro grupo.

2. Cada equipe debate e decide como vai explicar à outra equipe. Todos os seus membros devem participar dizendo algo.

3. A equipe que recebe as instruções tem uma folha na qual vai desenhando o que o outro grupo lhe diz, levando-se em conta que só se pode utilizar a comunicação oral.

4. Num primeiro momento, cada equipe desenha o que seus membros vão entendendo, sem fazer perguntas.

5. Numa segunda etapa, as perguntas podem ser feitas.

6. No final, se mostram os desenhos e se comparam os que foram feitos sem perguntas (comunicação unidirecional) com os que foram feitos com perguntas (comunicação bidirecional ou com *feedback*).

OBSERVAÇÕES DIDÁTICAS

✓ O mais interessante dessa dinâmica é o debate que se estabelece depois para analisar o que aconteceu e tratar de explicar por que normalmente o segundo desenho sai melhor do que o primeiro, ainda que se leve mais tempo para fazê-lo.

✓ Uma variante dessa técnica é fazê-la com objetos concretos, em vez de desenhos.

TÍTULO – A CLÍNICA DO RUMOR

OBJETIVOS

✓ Descobrir como a comunicação vai sendo distorcida à medida que é transmitida.

DESCRIÇÃO

1. Pede-se que se apresentem seis voluntários.

2. Um permanece dentro e os demais voluntários são convidados a sair da sala.

3. O animador lê a notícia em público diante do voluntário que permaneceu em sala.

4. Finalizada a leitura, os outros voluntários retornam e o que ouviu a notícia deve transmiti-la ao segundo em voz baixa e assim sucessivamente, até que a mensagem chegue ao último dos seis; este deverá escrever a notícia na lousa ou em um cartaz.

5. Por último, se compara a notícia inicial lida pelo animador com a notícia final escrita pelo último voluntário e se tiram as conclusões coletivamente.

MATERIAL
✓ Folha com a notícia que poderia ser algo parecido com essa:
"Um grande cataclismo provocou um desmoronamento, fazendo com que 258 pessoas ficassem presas entre os escombros. Quando já não havia perigo, começaram as ações de resgate, mediante a mobilização de centenas de voluntários de diversas associações, que levaram material de socorro ao lugar do acidente, mas corre o rumor de que o desmoronamento não foi por acidente, e sim devido a uma sabotagem, já que entre as vítimas se encontrava pessoal militar e agentes dos Serviços de Inteligência."

OBSERVAÇÕES DIDÁTICAS
✓ Essa é uma dinâmica muito conhecida e eficaz para descobrir os componentes e as circunstâncias que fazem com que a comunicação seja distorcida (pelo canal, pela interpretação do receptor, pela expressão do receptor ao converter-se em emissor etc.), de tal modo que, em toda comunicação, há sempre uma perda gradual de informação à medida que vai sendo transmitida, já que uma coisa é o que o emissor quer dizer, outra coisa é o que diz, outra o que interpreta o receptor e outra o que este transmite a partir do que interpreta.

Técnicas de motivação, distensão e criação de clima
Quando um grupo abre-se à comunicação e à inter-relação entre seus membros, é um momento de expansão, em que começam a surgir certas dificuldades e conflitos derivados dessa eclosão relacional que toda crise de crescimento provoca: mal-entendidos, bloqueios, criação de subgrupos, enfrentamentos, cansaço, momentos de tensão, de receios, divisões etc. Em situações como essas, é necessário que o animador aja com tato, no momento certo e com recursos apropriados. Para isso, também mostrarei algumas técnicas e procedimentos destinados a motivar o grupo em momentos de desânimo e acomodação, assim como

para relaxar e distender situações de ansiedade ou conflito, contribuindo para o surgimento de um clima propício à superação desses percalços.

TÍTULO – OS CIUMENTOS

OBJETIVOS
✓ Facilitar a distensão dentro do grupo.
✓ Fomentar a criação de um clima positivo.

DESCRIÇÃO
1. Os participantes se colocam em pares, um fará o papel de marido, outro o de esposa. As esposas se sentarão nas cadeiras colocadas em linha (ou formando um círculo) e os maridos estarão atrás de cada cadeira.

2. No momento em que o jogador do centro piscar um olho para uma delas, ela deve correr para ele. Seu marido deve evitar que sua mulher o abandone e, portanto, agarrá-la antes que se levante. Se não puder evitar, perde e ocupa o lugar do centro, tratando de encontrar outro par (o que estava no centro ocupa o lugar atrás da mulher).

3. Num determinado momento, pode-se inverter o jogo, com homens sentados e mulheres ciumentas.

OBSERVAÇÕES DIDÁTICAS
✓ Essa dinâmica é especialmente indicada para trabalhar com crianças e adolescentes, mas também pode ter êxito com adultos.

3. PARA A FASE DE MATURIDADE GRUPAL

Técnicas para animar a criatividade
À medida que um grupo avança no caminho de seu amadurecimento, vai incrementando seu dinamismo e, por isso, suas possibilidades e necessidades de criatividade aumentam. É o momento de pôr em prática todas as possibilidades criativas de seus membros, assim como seu comprometimento e participação, para ir resolvendo os problemas e desafios que surgirem a partir disso. As técnicas selecionadas dentro desse item têm como principal finalidade criar as condições

adequadas para favorecer a criatividade grupal (verbal, conceitual, ideográfica, poética etc.) que, por sua vez, possibilite a resolução de problemas e a consequente tomada de decisões.

TÍTULO – ISTO ME LEMBRA

OBJETIVOS
✓ Facilitar a criatividade por meio da associação de ideias.

DESCRIÇÃO
1. Qualquer membro do grupo começa dizendo a palavra que queira.

2. O seguinte deve dizer outra palavra que tenha alguma relação com a anterior, unindo-as sempre com a frase "isto me lembra".

OBSERVAÇÕES DIDÁTICAS
✓ Uma variante possível dessa técnica é encadear palavras que comecem com a última letra da anteriormente pronunciada.
✓ Qualquer que seja a modalidade, todas são úteis para exercitar a concentração e a agilidade mental. Além disso, e conforme se vá dominando a técnica, pode-se dificultá-la cada vez mais; por exemplo, limitando todas as palavras a um determinado tema. Desse modo, ela poderia ser utilizada como técnica de avaliação, seja inicial, seja final, para tirar conclusões.

TÍTULO – A SANFONA

OBJETIVOS
✓ Desenvolver a criatividade pela linguagem literária e poética.

DESCRIÇÃO
1. Constituem-se grupos (de oito a dez pessoas, aproximadamente). A cada grupo é entregue uma folha para que seja dobrada em forma de sanfona, com o número de dobras equivalente ao dobro do número de membros do grupo.

2. Em seguida, cada grupo escreve, de maneira coletiva, um poema ou um relato. Para isso, cada um dos membros do grupo deve escrever dois versos ou frases (conforme a modalidade escolhida) em duas dobras consecutivas da folha, deixando a descoberto a segunda para que o companheiro seguinte continue a história, tendo como referência unicamente a última das frases escritas. Desse modo, a composição vai sendo elaborada coletivamente, até que o último membro do grupo ponha o ponto final.

3. Por fim, se desdobra cada folha, à maneira de uma sanfona ou acordeão (daí o nome da técnica), para se fazer a leitura pública de cada uma das composições resultantes.

MATERIAL
✓ Tantas folhas e esferográficas quantos forem os grupos.

OBSERVAÇÕES DIDÁTICAS
✓ Uma vez lidas as composições, pode-se tirar cópias para que todos os membros do grupo as levem consigo. Minha experiência a respeito me confirma que esse detalhe contribui em boa medida para a identidade e a coesão grupal, além de ser uma recordação divertida.

✓ Assim como a anterior, essa é uma boa técnica de animação para a leitura.

Técnicas para a consolidação participativa, projeção e inovação grupal

A maturidade grupal alcança seu ponto máximo quando o coletivo se consolida, sendo capaz de funcionar por si mesmo, com uma estrutura organizativa estável, orientada para determinados fins. A meta da animação juvenil se alcança quando o grupo está consolidado, isto é, quando conquista sua autonomia. A missão do educador, enquanto animador, termina, por isso, quando ele já não é mais necessário. A dificuldade de alcançar esse ponto, porém, é elevada e está relacionada com o caráter efêmero dos processos grupais de aprendizado. Por isso podemos afirmar que, na prática, o trabalho educativo do animador nunca termina, mas em todo caso se transforma, conforme o processo formativo de cada grupo. Para essas circunstâncias também existem técnicas de animação adequadas para exercitar as capacidades e habilidades de auto-organização, inovação e prospecção necessárias para enfrentar o último passo de nosso processo: a autogestão dos processos de aprendizado.

TÍTULO – QUEBRA-CABEÇAS DA PARTICIPAÇÃO

OBJETIVOS
✓ Analisar os traços que definem o grupo participativo.
✓ Comparar e distinguir as características entre a participação ideal e a real.
✓ Ajudar um grupo a amadurecer e consolidar-se, aprofundando a participação de seus membros.

DESCRIÇÃO
1. O grupo se subdivide em duas equipes de trabalho e a cada uma delas é entregue um jogo de peças de cartolina ou papel plastificado, em que há uma característica que define, em maior ou menor medida, a participação em um grupo.

2. Pede-se a uma equipe que, com tais peças, procure configurar as características que definiriam a participação ideal de um grupo, enquanto que a outro subgrupo se solicita que componha os traços que caracterizam a participação real ou cotidiana das associações ou grupos que conhecem.

3. Finalmente, comparam-se ambas as composições, debatendo que diferença ou distância existe na prática entre a participação ideal e a real dos grupos e associações.

MATERIAL
✓ 2 envelopes, cada um dos quais deve conter uma série de peças ou cartões com as seguintes legendas:
> *Os membros tomam parte na definição dos objetivos a alcançar.*
> *Os membros intervêm na elaboração dos programas.*
> *Os membros tomam parte na organização e realização das atividades.*
> *Os membros se beneficiam dos serviços, vantagens, prestígio.*
> *Os membros trazem recursos para a manutenção, para as atividades.*
> *Os membros são informados por aqueles que tomam as decisões.*
> *Os membros são consultados antes de tomar uma decisão.*
> *Os membros intervêm na tomada de decisões.*
> *Habitualmente, participam todos ou a grande maioria dos membros.*
> *Normalmente, participam tão só uns poucos membros.*
> *Habitualmente, só participam os diretores.*
> *A participação dos membros é constante e regular.*
> *A participação só se produz em certas ocasiões (assembleias, comissões).*
> *A participação se produz de forma descontínua, irregular.*

> *Os membros intervêm através de representantes.*
> *Os membros intervêm pessoal e diretamente.*
> *Os membros tomam parte na organização e no funcionamento interno.*

OBSERVAÇÕES DIDÁTICAS

✓ Na hora de aplicar essa técnica, é importante advertir como a participação não é um valor variável, mas contínuo e, portanto, admite e se manifesta com graus diferentes. À medida que um grupo vai avançando em seu amadurecimento e consolidação, a participação deve ser cada vez mais exigente, aproximando-se da participação ideal que esse exercício sugere. A missão do educador, enquanto animador grupal, é precisamente a de ir administrando e regulando esse processo gradual através do acompanhamento, algo de que falaremos quando nos referirmos às técnicas orientadas para o rendimento ou tarefa do grupo.

TÍTULO – DAQUI ATÉ ALI

OBJETIVOS

✓ Desenvolver a capacidade prospectiva do grupo na hora de projetar seu futuro.
✓ Ajudar os membros de um grupo a planificar o amanhã, a partir do hoje.

DESCRIÇÃO

Trata-se de preencher em grupo um quadro, ou grade de dupla entrada, no qual se escrevam, de um lado (eixo vertical) as dimensões ou aspectos do grupo a ser avaliado (organização, atividades, recursos) e, no outro (eixo horizontal), qual é a situação atual daqueles aspectos (*daqui*), para onde e até onde queremos chegar (*até ali*); finalmente, quais são os obstáculos que esperamos encontrar em tal processo (*dificuldades*).

Com o quadro preenchido, será estabelecido um debate entre todos os grupos que o tenham feito ou, se só houve um, pode-se tentar tirar algumas conclusões e propostas para enfrentar os desafios futuros que surgirem.

MATERIAL

✓ Quadro:

DIMENSÕES A AVALIAR	DAQUI (situação atual)	ATÉ ALI (para onde vamos)	DIFICULDADES
ORGANIZAÇÃO			
ATIVIDADES			
RECURSOS			
OUTROS			

OBSERVAÇÕES DIDÁTICAS
✓ Essa técnica também é válida para avaliar o trabalho realizado por um grupo, com o objetivo de estabelecer linhas futuras de atuação.

5.3.2. TÉCNICAS PRODUTIVAS: CENTRADAS NO CONTEÚDO DA PARTICIPAÇÃO

Além da dimensão relacional do grupo, já comentamos como um educador, como animador formativo, deve impulsionar ao mesmo tempo a vertente orientada para a tarefa, aumentando a capacidade produtiva e de rendimento de seus membros, quantitativa e qualitativamente. E para conseguir aprendizados eficazes, de forma ativa e participativa, não basta que os membros do grupo de formação estejam satisfeitos, se sintam bem juntos e sejam capazes de manter vínculos afetivo-relacionais positivos. Tudo isso constitui uma condição necessária (externa, propedêutica e de caráter contextual), mas não suficiente para o êxito do aprendizado. É preciso que, além de manter um clima de interação grupal positivo, seus membros tenham rendimento, ou, o que é o mesmo, necessitem também aprender. Manter o equilíbrio entre essas duas variáveis da formação não costuma ser fácil e, no entanto, isso constitui a meta da animação nos processos de aprendizado e, no fundo, é a meta de todo processo autêntico de formação.

São múltiplos os exemplos que poderíamos mencionar de pretensas ações formativas em que predomina um bom clima, o professor é muito simpático e as pessoas se sentem bem (me vêm à mente, por exemplo, muitos dos cursos de formação organizados por escolas de animação e tempo livre), mas nem sempre a esse êxito da dimensão relacional ou de manutenção corresponde um bom rendimento (dimensão orientada para a tarefa). Em todos esses casos, atende-se muito bem à dimensão relacional e de manutenção grupal, mas em prejuízo da atenção que se deve dar à tarefa ou rendimento de seus membros. Tudo se passa estupendamente, mas pouco se aprende.

Correlativamente, também encontramos situações formativas nas quais ocorre o contrário. Cuida-se muito da oferta – quantitativa e qualitativa – de conhecimentos, assim como da especialização do professor, mas descuidando, por outro lado, da criação de um bom clima entre os membros do grupo de aprendizado e entre estes e seu professor. Se esse desequilíbrio se acentua, pode fazer fracassar o objetivo do curso, pois já está demonstrado que os alunos, sob condições externas negativas (más relações, falta de comunicação, incômodos, excessiva competitividade, pressão ou ansiedade descontrolada), aprendem muito menos do que em contextos de interação positiva[20]. É o caso de determinados contextos acadêmicos e profissionais de formação em que predomina uma formação extremamente competitiva, impessoal ou massificada.

Portanto, a finalidade última de um grupo de aprendizado é o rendimento – função orientada para a tarefa ou o êxito –, mas para assegurar esse objetivo é necessário cuidar com igual empenho do bom clima do grupo.

Da mesma forma que podemos utilizar técnicas participativas para facilitar a dimensão relacional do grupo, como demonstrei anteriormente, também se podem empregar técnicas para desenvolver o rendimento e a produtividade de um grupo. No primeiro caso, eram as etapas do desenvolvimento grupal as que nos serviam de eixo sistematizador para a tarefa, enquanto a dimensão relacional se desenvolve e se materializa necessariamente em tal processo. Agora, necessitamos igualmente de outro suporte sobre o qual basear e integrar o conjunto de tarefas de aprendizagem que constituirão o rendimento de um grupo. Tal rendimento, por coerência com a metodologia ativa que defendemos, deve materializar-se em determinadas ações que conduzam ao aprendizado. Ações que, tanto de um enfoque ativo adotado – formação com base em projetos – como da ASC[21], se integram em projetos. Por isso, nada melhor do que as etapas de um projeto para fundamentar e estruturar as técnicas participativas centradas nessa dimensão produtiva do grupo de aprendizado.

Técnicas de animação para análise da realidade

O primeiro passo para pôr em marcha um projeto passa pela análise da realidade como grupo e com relação ao meio onde se vai intervir. Só assim se poderão

---

[20] Antonio Medina Rivilla, *op. cit.*

[21] José Vicente Merino, *Programas de animación sociocultural: tres instrumentos para su diseño y evaluación*, Madri: Narcea, 1997; Victor J. Ventosa, *Desarrollo y evaluación de proyectos socioculturales*, Madri: Editorial CCS, 2001.

encontrar motivos suficientes para poder atuar (interesses, necessidades, demandas, problemas, recursos disponíveis e necessários) de uma maneira justificada, fundamentada e coerente. As dinâmicas a incluir neste parágrafo devem sensibilizar os membros de um grupo diante da importância do conhecimento da realidade como passo prévio a ações posteriores, desenvolvendo, para isso, suas faculdades para a análise.

TÍTULO – ANÁLISE DE CASO (PROCESSO INCIDENTE)

OBJETIVOS
✓ Analisar a realidade através de situações concretas e práticas.
✓ Aplicar a casos concretos determinados conceitos ou modelos teóricos.

DESCRIÇÃO
1. Após a correspondente explicação do tema a ser tratado, apresenta-se por escrito uma ou várias situações práticas nas quais se exemplifiquem ou se apliquem, de alguma maneira, os conteúdos expostos anteriormente. A informação contida em cada caso deve ser breve e clara, exatamente a necessária para que possam pronunciar-se a respeito.

2. O trabalho se realiza em duas fases: uma primeira leitura individual do caso (ou dos casos) com a finalidade de se ter dele uma visão geral e detectar onde pode estar o problema a analisar, seguido de um debate em pequeno grupo para tentar associar, aplicar ou relacionar cada um dos casos analisados com o tema exposto na sessão.

3. Apresentação geral dos resultados da análise de cada grupo.

MATERIAL
✓ Fichas ou fotocópias com os casos escritos, papel e esferográficas. Como exemplo, ofereço em seguida alguns para tratar o tema da análise da realidade:

"O que mais nos desanima em nosso trabalho da associação do bairro é a escassa participação das pessoas nas atividades que nos custaram tanto trabalho para organizar. Mais do que isso, somos sempre os mesmos da direção, os que sempre preparamos tudo e quebramos a cabeça para criar atividades; e depois, de prêmio, só recebemos indiferença e falta de ajuda das pessoas."

OBSERVAÇÕES DIDÁTICAS

✓ Essa técnica representa uma versão abreviada da análise de casos, e permite treinar o grupo na análise e no diagnóstico de problemas e de situações reais ou simuladas, relacionadas com os conteúdos de sua formação.

✓ Também constitui uma ferramenta muito útil e versátil para aplicar determinados conteúdos formativos a situações concretas, passando da teoria à prática, com o fim de consolidar os aprendizados e/ou avaliá-los.

✓ Para assegurar o êxito dessa técnica, convém avisar, antes de iniciá-la, que cada grupo deve se ater exclusivamente à informação dada explicitamente no caso, sem acrescentar pressuposições que não estejam diretamente apontadas. Com isso, se evitarão interpretações subjetivas em benefício exclusivo dos dados apresentados.

TÍTULO – GRUPO NOMINAL

OBJETIVOS

✓ Analisar em grupo uma determinada realidade para criar alternativas diante de problemas detectados.

✓ Priorizar soluções ou propostas para responder ou enfrentar problemas.

DESCRIÇÃO

1. Apresenta-se a pergunta por escrito ao grupo (por exemplo, fazer uma lista das melhores técnicas deste manual).

2. Criação silenciosa e individual de ideias, por escrito, sobre a pergunta formulada.

3. Reunião e registro da totalidade das ideias geradas por todo o grupo, com uma só a cada vez, de maneira que os participantes possam seguir escrevendo ideias à medida que esse processo avança. Nessa etapa, não se fazem comentários nem valorações sobre as ideias expostas.

4. Discussão e esclarecimentos das ideias registradas. Uma a uma vão sendo discutidas e explicadas para conhecer a motivação que existe por detrás de cada uma.

5. Voto seletivo de maneira que se vá reduzindo o número de escolhas às que sejam mais valiosas para o grupo. Os votos podem ser dados por categorias de maior ou menor importância.

6. Discussão do voto seletivo, aclarando ou tentando convencer sobre as melhores ideias, relegando as que sejam menos consistentes ou viáveis.

7. Voto definitivo pondo um número da mais à menos importante. O resultado obtido estabelecerá as bases para realizar o passo seguinte.

OBSERVAÇÕES DIDÁTICAS

✓ Trata-se de uma técnica de análise da realidade em dois tempos: primeiro se detectam e se descobrem os problemas; num segundo passo, geram-se alternativas ou propostas para enfrentá-los.

✓ Na realidade, é um *brainstorming* com um resultado objetivo. É útil para aqueles casos em que seja necessário chegar a um acordo comum e haja dificuldade para consegui-lo.

✓ A pergunta apresentada deve ser clara e concisa, além de interessante para todos os membros do grupo. Pressupõe uma inquietação do grupo sobre o tema tratado.

Técnicas para animar a planificação

Uma vez delimitados e analisados os espaços, os recursos, os destinatários e os centros de interesse ou necessidades sobre as quais atuar, passa-se à fase de planificação, quando o grupo de aprendizado precisa de uma série de conhecimentos e de habilidades básicas que podem ser facilitados através de técnicas participativas.

TÍTULO – GINCANA DE PLANEJAMENTO

OBJETIVOS

✓ Ensinar os passos de um planejamento a um grupo, aplicando-os a uma ação escolhida ou desejada.

DESCRIÇÃO

1. Entregam-se sete envelopes a cada grupo, numerados, com suas mensagens correspondentes.

2. O primeiro deles contém as instruções para desenvolver a atividade, com a pergunta: "O que é planejar?".

3. Em cada um dos restantes aparece por fora a tarefa correspondente a cada uma das etapas pelas quais passa o desenvolvimento de um projeto ou programa e dentro estará uma mensagem em que se explicará em que consiste e a ordem correta com que se há de utilizá-la, propondo uma série de questões referentes à etapa para aplicá-las num caso em que a própria equipe deve sugerir ao longo da atividade.

4. Primeiramente, os envelopes devem ser ordenados sem estar abertos, segundo o título que aparece em seu exterior.

5. Uma vez ordenados, começarão a ser abertos segundo a ordem proposta pelo grupo e seguirão as instruções de cada mensagem interior.

6. Finalmente, faz-se uma reunião de todas as equipes, na qual serão expostas as falhas ocorridas, resolvidas as dúvidas e expostos os projetos desenhados por cada equipe.

OBSERVAÇÕES DIDÁTICAS

✓ Essa técnica, em realidade, é um grande jogo, que pode durar toda uma manhã ou tarde, caso os envelopes sejam escondidos num determinado recinto e as equipes devam buscá-los e encontrá-los.

✓ Mudando o tema dos envelopes, a técnica pode servir para trabalhar qualquer outro conteúdo que se componha de fases, partes ou etapas que se tenha de ordenar.

✓ Pode ter, além disso, outras variantes como jogo ou dinâmica, caso seja aplicada como um itinerário ("caça ao tesouro"), como rastreamento ou jogo de pistas, como descoberta ou ainda como processo de investigação-ação.

TÍTULO – PESCA DO PLANEJAMENTO

OBJETIVOS

✓ Conhecer e ordenar as tarefas e os passos em um planejamento.

✓ Envolver um grupo, de maneira participativa, no planejamento de seu trabalho.

DESCRIÇÃO

1. Dividem-se os participantes em equipes de cinco a oito pessoas.

2. Elaboram-se tantos jogos de peixes de cartolina quantos forem os grupos. Cada jogo será composto de oito peixes e cada um deles deve ter escrito, na cabeça, uma das etapas necessárias para fazer um planejamento. Em sua boca se colocará um clipe e serão estendidos no chão, com as legendas viradas para baixo, em meio a um lago que será simulado marcando suas margens com giz ou corda.

3. Cada participante terá uma "vara de pesca" (fabricada com um pedaço de corda e um clipe semiaberto preso na extremidade), com a qual terá de pescar o maior número de peixes possível até completar, junto com o resto dos membros de sua equipe, o jogo de oito. Se no transcurso da prova alguém da equipe pescar algum peixe repetido, ou o fizer pisando ou entrando no "lago", terá que devolvê-lo à "água" e seguir pescando, até que todos os participantes do grupo consigam, dentro das regras, oito peixes correspondentes às oito etapas do planejamento.

4. Uma vez cumprida a etapa anterior, cada equipe deve ordenar os peixes conforme o processo correto de um planejamento, depois do que serão expostos, todos juntos, os resultados para sua comprovação. Pode-se estipular algum tipo de prova (pagamento de prenda) por erro cometido.

5. Pode haver um último passo, opcional, consistente na aplicação de cada um dos passos para um projeto concreto que se queira realizar, seja de maneira real, seja simulada.

MATERIAL

✓ Um número de jogos de oito peixes de cartolina (melhor plastificada) equivalente ao número de equipes participantes, com os passos da planificação escritos em cada uma das cabeças.
✓ Uma caixa de clipes de tamanho médio ou grande.
✓ Um rolo de corda.
✓ Algumas tesouras.
✓ Giz.
✓ Jogo de peixes do planejamento:

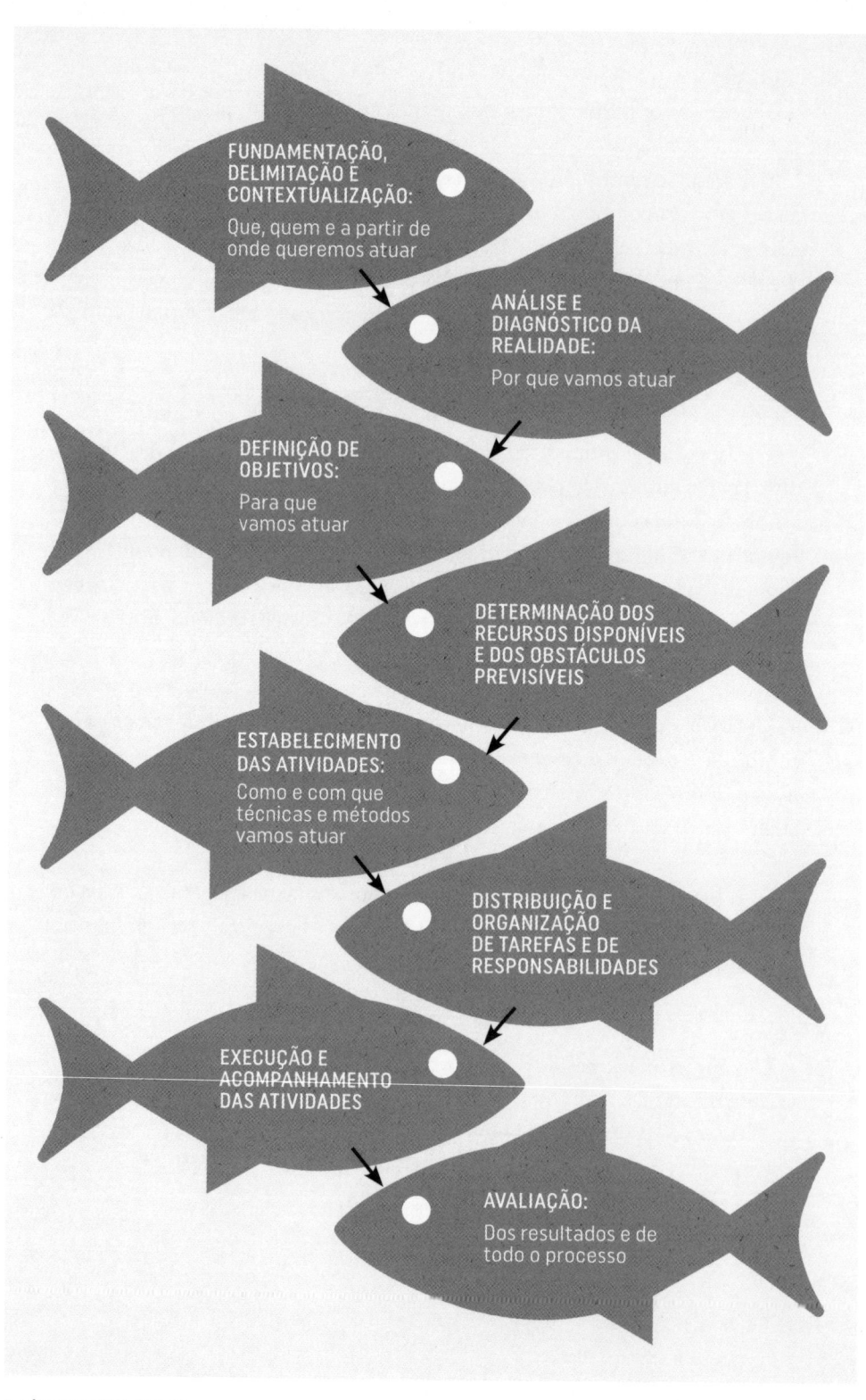

FUNDAMENTAÇÃO, DELIMITAÇÃO E CONTEXTUALIZAÇÃO:
Que, quem e a partir de onde queremos atuar

ANÁLISE E DIAGNÓSTICO DA REALIDADE:
Por que vamos atuar

DEFINIÇÃO DE OBJETIVOS:
Para que vamos atuar

DETERMINAÇÃO DOS RECURSOS DISPONÍVEIS E DOS OBSTÁCULOS PREVISÍVEIS

ESTABELECIMENTO DAS ATIVIDADES:
Como e com que técnicas e métodos vamos atuar

DISTRIBUIÇÃO E ORGANIZAÇÃO DE TAREFAS E DE RESPONSABILIDADES

EXECUÇÃO E ACOMPANHAMENTO DAS ATIVIDADES

AVALIAÇÃO:
Dos resultados e de todo o processo

OBSERVAÇÕES DIDÁTICAS

✓ Essa técnica – adaptando-se logicamente os conteúdos das mensagens ao tema a ser tratado, é apropriada para trabalhar qualquer matéria que requeira ou admita algum tipo de classificação, assim como para estabelecer relações entre diversos componentes (hierárquicas, de inclusão, causa-efeito etc.).

✓ Convém utilizar sempre essa técnica uma vez que se tenha exposto e assimilado os conhecimentos mínimos sobre o tema para poder aplicá-la.

✓ A dinâmica resulta mais participativa e motivadora se, além de realizá-la, os participantes também fabriquem todos ou parte dos materiais (o lago com giz, os peixes com cartolina, canetas, clipes e tesouras, as varas com corda e os anzóis com clipes médios abertos).

Técnicas de animação para a intervenção

Depois da planificação, aplica-se o que foi planejado. Portanto, é o momento da intervenção ou execução do projeto. De maneira igual à etapa anterior, aqui também podemos utilizar jogos e dinâmicas de tipo sequencial ou baseados em operações de classificação, com o objetivo de que sejam aplicados aos passos da intervenção sociocultural. Para isso, podem servir determinados jogos de cartas (por exemplo, a partir do jogo de "famílias": o "baralho da intervenção"), *puzzles* ou quebra-cabeças com os quais se pode reproduzir e ordenar as etapas da intervenção sociocultural.

TÍTULO – BARALHO DA INTERVENÇÃO

OBJETIVOS

✓ Conhecer e ordenar os passos que irão se seguir à intervenção ou realização prática de um projeto.

DESCRIÇÃO

1. Com os participantes distribuídos em equipes entre quatro e oito pessoas, distribuem-se nove cartas para cada grupo, deixando as restantes no centro para roubar.

2. O baralho deve ser composto de tantos jogos de cartas quantas sejam as equipes e mais um. Por sua vez, um jogo se compõe de nove cartas, em cada uma das quais aparece escrito um dos passos da intervenção. A missão de cada equipe consiste em completar uma *escada* com cada um dos passos da

intervenção corretamente ordenados. Para isso, deverão antes ser descartadas aquelas cartas repetidas que lhes couberam, uma a uma roubando, em sua vez, novas cartas do maço e deixando, em troca, uma carta repetida a cada rodada.

3. Quando a equipe houver descartado as cartas repetidas, passará à fase de elaboração da *escada*, tentando ordenar corretamente cada uma das etapas da intervenção que figura em cada carta, desde o primeiro até o último passo.

4. Com as escadas realizadas, inicia-se a elaboração em comum, cada grupo expondo os resultados alcançados, com a finalidade de corrigir erros e resolver dúvidas.

MATERIAL

✓ Jogos de nove cartas ou cartões com cada um dos nove passos da intervenção escritos um por carta. Tantos jogos quantas equipes e mais um suplementar (para poderem descartar as repetidas, trocando-as por outras).

✓ Etapas da intervenção que devem figurar nas cartas:

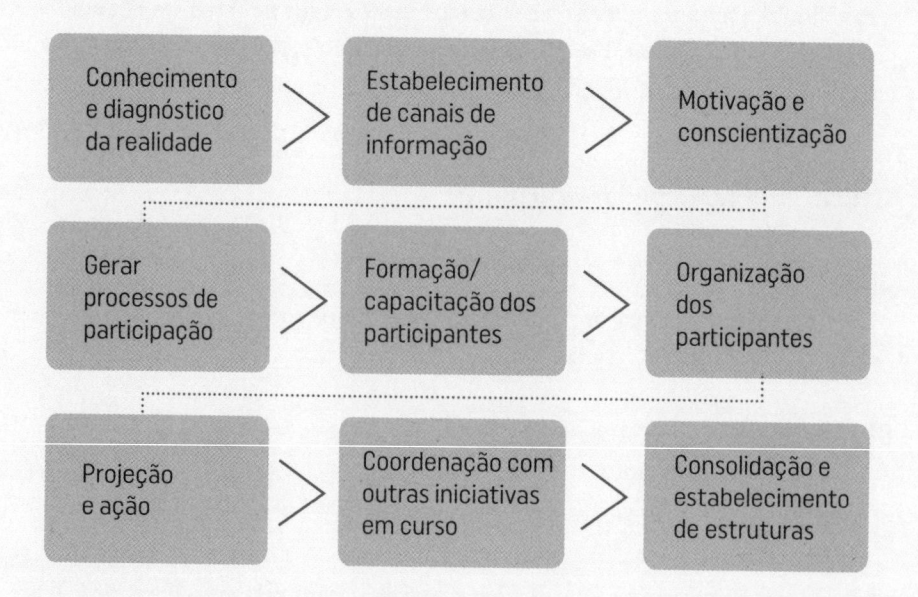

Conhecimento e diagnóstico da realidade > Estabelecimento de canais de informação > Motivação e conscientização

Gerar processos de participação > Formação/capacitação dos participantes > Organização dos participantes

Projeção e ação > Coordenação com outras iniciativas em curso > Consolidação e estabelecimento de estruturas

OBSERVAÇÕES DIDÁTICAS

✓ Uma vez ordenados corretamente os passos da intervenção, pode-se aplicá-la a um caso concreto, real ou simulado.

Por último, o ponto culminante do projeto chega quando, em seu término, se avaliam os resultados, assim como cada uma das etapas precedentes. Podemos motivar e envolver os membros de qualquer coletivo na avaliação de suas próprias atuações e projetos, mediante técnicas participativas baseadas em jogos populares do tipo da amarelinha, por meio de expressão gráfica (murais e grafites) ou por determinados procedimentos grupais de sistematização de informação (grades de dupla entrada: "o melhor-o pior"; matrizes de avaliação: "peço-dou").

TÍTULO – A AMARELINHA DA AVALIAÇÃO

OBJETIVOS
✓ Conhecer e ordenar as etapas e tarefas necessárias para avaliar.

DESCRIÇÃO
1. Desenha-se no chão um jogo da amarelinha, escrevendo em cada casa um dos passos necessários para se fazer uma avaliação, cuidando para que estejam desordenados.

2. Os participantes se dividem em equipes de cinco a oito pessoas e se dá uma ordem de saída entre eles, com o objetivo de preparar a estratégia de jogo, tendo em vista a disposição e os conteúdos da amarelinha.

3. Com os grupos preparados, trata-se de aplicar as normas do popular jogo da amarelinha à tarefa de ordenar as etapas necessárias que devem ter em conta para avaliar. Para isso, o primeiro membro da equipe inicial, conforme a vez estabelecida, deverá atirar a pedra (ou outro objeto pequeno) em direção àquele quadrado que acredite corresponder ao primeiro passo de uma avaliação. Seguidamente, irá saltando sobre um pé por todo o itinerário da amarelinha e, recolhendo a pedra, regressará da mesma forma.

4. Depois do percurso feito, de ida e volta, sempre que tenha sido realizado corretamente (sem cair, sem pisar nas linhas), o animador exercerá o papel de juiz para decidir se o passo escolhido foi o correto, caso em que o mesmo grupo continuará iniciando a vez seguinte com outro de seus jogadores. Se a escolha não tiver sido correta, a vez passará à equipe seguinte, que começará

do mesmo modo um novo jogo. Dessa forma, o jogo termina quando se concluem corretamente todos os passos.

MATERIAL

✓ Um objeto plano e com algum peso que sirva para ser jogado nas casas (pedrinha, borracha, caixa de óculos).

✓ Giz ou outro produto para marcar o chão com o desenho do percurso e com os passos da avaliação (estes podem ser também escritos em cartolinas, depositadas em cada quadrado da amarelinha).

OBSERVAÇÕES DIDÁTICAS

✓ Convém dar um tempo prévio no início do jogo para que cada equipe prepare a estratégia a seguir à vista das mensagens dispostas no percurso da amarelinha.

✓ Também é imprescindível, antes de começar, estabelecer regras comuns, dada a diversidade de versões desse jogo.

6. LIDERANÇA E PARTICIPAÇÃO SOCIAL: OS AGENTES

À primeira vista, os conceitos de liderança e de participação poderiam parecer difíceis de conjugar. O exercício da liderança se associa com a direção e o poder de quem a exerce para conduzir, persuadir e influir (qualquer desses conceitos costuma ser utilizado nas diferentes definições dadas a respeito) em um grupo predisposto a conseguir determinadas metas. Por outro lado, a participação de um grupo na tomada de decisões supõe a transferência do poder a seus integrantes. Esse é o objetivo da animação sociocultural a partir do qual abordamos o tema da participação.

Mas se relacionarmos liderança com animação sociocultural, então a relação parece ainda mais difícil de estabelecer.

O conceito de liderança costuma ser identificado com o exercício do poder e da autoridade por parte do líder, para conduzir uma série de pessoas ou grupos a determinadas metas, não necessariamente estabelecidas ou propostas por quem tem de cumpri-las.

Em vez disso, a animação sociocultural pretende transferir esse poder ao grupo, *empoderá-lo*, para comprometê-lo com a consecução de objetivos que devem sempre responder a seus próprios interesses.

A função básica da liderança é a função diretiva e seus objetivos são os resultados a que conduz. O fundamental na ASC é a participação, e sua finalidade, os processos que ela desencadeia.

Sendo assim, minha pretensão de tratar do tema da liderança num livro sobre a didática da participação bem poderia parecer um contrassenso destinado ao fracasso ou um exercício retórico forçado e artificial.

Todavia, meu foco de atenção não será fixado sobre a noção genérica de liderança, e sim sobre um de seus tipos, seguramente o menos estudado até o momento.

Refiro-me à liderança social, entendida como um tipo de liderança que se exerce não só com uma finalidade social (nesse sentido, existem lideranças políticas ou empresariais que entrariam nessa categoria), como também em entidades e organizações da sociedade civil (por exemplo, a liderança desenvolvida em ONGs, fundações ou outro tipo de instituição assistencial ou de cooperação) e, dentro desta última categoria, *nos centraremos especialmente na liderança social desenvolvida sobretudo no setor não lucrativo, dentro do âmbito do associativismo e dos grupos de base, de movimentos e processos socioculturais atuais que, de maneira direta ou indireta, desenvolvem seus projetos sob enfoques e princípios da ASC.*

Adiante, vou me referir a essa modalidade com o nome de *liderança social participativa* (LSP). Um tipo de liderança que podemos caracterizar por uma série de traços diferenciadores:

> Afastada da visão individualista do líder, se centra numa liderança **compartilhada de tipo horizontal e inclusiva**, comprometida com o desenvolvimento do tecido social mediante a participação ativa do grupo ou da comunidade. Uma liderança contextualizada e dependente, portanto, da situação que lhe dá origem.

> Acentua mais as funções de **motivação, dinamização e mobilização** do grupo do que as funções diretivas e de gestão.

> Centrada mais nas **habilidades e competências emocionais e sociais** do que em conhecimentos e competências técnicas.

> Sua meta está **orientada mais para os processos** de participação, criatividade, comunicação e ao estabelecimento de relações grupais e interpessoais do que **ao sucesso de determinados produtos** ou resultados finais.

Como síntese e recapitulação do que foi dito, trazemos o seguinte quadro comparado que nos ajuda a diferenciar e caracterizar os traços mais destacados e identificativos da liderança social participativa:

CARACTERÍSTICAS	LIDERANÇA GENÉRICA	LIDERANÇA SOCIAL PARTICIPATIVA
ESTILO	Individual	Compartilhada, situacional
FUNÇÕES	Diretivas e de gestão	Motivação, dinamização e mobilização
COMPETÊNCIAS	Técnicas	Emocionais e sociais
METAS	Orientada ao sucesso/produto, cumprimento de objetivos	Orientada para desencadear processos de participação, comunicação, criatividade, relações...

6.1. DEFINIÇÃO E MODALIDADES

Uma maneira ilustrativa de iniciar a aproximação ao significado do conceito de líder é nos fixarmos na origem etimológica do termo. Nesse sentido, "líder" procede da palavra inglesa *leader* = *guia*. E esta, por sua vez, guarda relação com a raiz latina *lis-litis*, da qual deriva o termo castelhano antigo *lid* = *disputa, querela*. Tendo isso em conta, o líder é, por um lado, um guia que indica o caminho ou *conduz o grupo em direção a um objetivo*; e, por outro, o líder é quem está imerso numa "*lid*" ou disputa e, portanto, alguém que tem capacidade para *analisar, iluminar* ou resolver um problema. Curiosamente, essas duas dimensões da liderança coincidem com as duas funções fundamentais do animador[1], também indicadas em sua raiz etimológica: *animus* (pôr em relação, mobilizar, conduzir) e *anima* (dar sentido, iluminar). A primeira função eu denomino *função relacional*, porque está centrada na manutenção da comunicação e inter-relação entre os membros de um grupo; e a segunda função, eu a chamo de *função produtiva*, porque está centrada na tarefa ou no rendimento do grupo.

Além da aproximação etimológica, para terminar de delimitar e descrever nosso tema, podemos partir de uma série de características comuns a qualquer tipo de liderança derivada de uma definição genérica do que se entenda por esse conceito:

Processo pelo qual uma pessoa ou grupo influi sobre um conjunto de indivíduos para conseguir uma meta comum[2].

A partir daqui, podemos resumir os traços mais característicos da liderança: um processo, um contexto grupal, uma capacidade para influir e um objetivo ou meta compartilhada.

> *Processo*: a liderança não é um ato pontual, conjuntural nem oportunista, e sim processo que requer tempo, continuidade e acompanhamento.

> *Contexto grupal*: todo processo de liderança, e especialmente o de liderança social, se realiza em e a partir de um contexto grupal, ao menos em três níveis: o próprio grupo sobre o qual se exerce a liderança (intragrupo), os grupos com os quais o grupo liderado se relaciona (intergrupos) e o meio social em que está imerso (relações com os meios, instituições e demais setores sociais).

---

[1] Victor J. Ventosa, *Fuentes de la animación sociocultural en Europa*, Madri: Editorial CCS, 2002, pp. 19 ss.

[2] Peter Northouse *apud* Ignasi Carreras, Amy Leaverton e Maria Sureda, *Líderes para el cambio social: características y competencias del liderazgo en las ONG*, Barcelona: Esade/Universidad Ramon Llull/Instituto de Innovación Social, 2009, p. 23.

> *Influência*: a capacidade de influir nos demais para conseguir determinados objetivos talvez seja a maior característica e aquilo que define a liderança, o que a diferencia por sua vez de outro tipo de estratégia de intervenção e de gestão de recursos humanos (direção, imposição).

> *Objetivo compartilhado*: um dos fatores que fazem efetiva a liderança é o valor da causa ou finalidade para a qual é exercida, assim como a capacidade de aglutinar e dar coesão à causa em meio a um coletivo de pessoas.

> *Carisma*: esse traço – vinculado às habilidades de comunicação, às competências emocionais e aos traços de personalidade – é especialmente importante nas lideranças individuais e, juntamente com o atrativo da meta ou da causa comum, é aquilo que traz o verdadeiro poder de mobilização e capacidade de atração do líder.

Esse conjunto de características comuns a toda liderança se aplica, em diferentes medidas, a diversas modalidades de liderança existentes:

> *Política*: a liderança política é, possivelmente, aquela de que mais se fala e supõe, portanto, a modalidade mais propagada e analisada, a tal ponto que, usualmente, na linguagem coloquial, se chega a confundir a parte com o todo, identificando o líder com o político simplesmente. Isso contribuiu para que a palavra líder fosse recebida com receio, quando não rechaçada, por parte de muitos grupos sociais de base e associações em geral.

> *Empresarial*: juntamente com o líder político, o empresarial é o tipo de liderança mais estudado e conhecido, especialmente nos últimos tempos, em que novos estilos de direção, de gestão empresarial e de recursos humanos consideram a liderança mais de acordo com os tempos e até mais eficaz do que o estilo tradicional de direção e gestão de tipo autoritário, hierárquico e vertical.

> *Religiosa*: com essa denominação nós nos referimos à liderança espiritual que exercem ou exerceram ao longo da história determinadas figuras representativas, de diferentes confissões religiosas, opções éticas ou simplesmente com uma personalidade capaz de deixar marcas e exemplos na sociedade.

> *Sindical*: com muitas semelhanças com a liderança política, ainda que costume ser mais participativa e vinculada à defesa dos direitos trabalhistas e à luta pela melhoria das condições dos trabalhadores.

> *Intelectual*: esse tipo de liderança o exercem os chamados *líderes de opinião*, utilizando para tanto os meios de comunicação clássicos (imprensa, rádio, TV) ou as mais atuais e revolucionárias tecnologias de informação e conhecimento (TICs), especialmente as redes sociais e os *blogs* associados à internet e aos cada vez mais sofisticados suportes para produzi-los, reproduzi-los, difundi-los (celulares, *smartphones*, *network*, *tablets*, consoles e outros reprodutores).

De todas essas modalidades descritas de liderança, seguramente a menos estudada de todas é a social tal como a definimos em passagem anterior. Nesse sentido, podemos afirmar que, atualmente, a liderança social é um conceito em construção sobre o qual existem apenas estudos[3].

Na hora de classificar e de estabelecer tipos de liderança, tradicionalmente os pronunciamentos teóricos sobre a natureza da liderança se polarizaram em torno de duas posições:

> *Enfoque individualista ou carismático*, que entende a liderança como traço próprio de determinadas personalidades, independentemente do contexto em que seja exercida. Com essa perspectiva, a liderança é um sinal característico e absoluto, próprio do caráter de determinadas pessoas, independentemente das situações ou contextos em que elas se encontrem.

> *Enfoque grupal ou situacional*, que concebe a liderança como uma função ou missão que um grupo ou contexto outorga a uma ou a várias pessoas, em decorrência de determinadas situações. Nessa visão, a liderança não é um traço absoluto e próprio da pessoa, e sim uma função conjuntural e relativa, que se outorga a uma ou a várias pessoas, para que seja exercida em determinado contexto ou situação, e não em outro.

> Entre ambos os extremos, poderíamos falar de um *enfoque intermediário ou eclético*, que entende a liderança como uma função gerada dentro de um grupo ou contexto específico (dimensão situacional) e que recai em uma ou várias pessoas que tenham uma série de condições para poder exercê-la (dimensão individual, qualificação, formação).

---

[3] Ignasi Carreras, Amy Leaverton e Maria Sureda, *op. cit.*

```
                LIDERANÇA SITUACIONAL QUALIFICADA
                    INDIVÍDUO  +  SITUAÇÃO
            LIDERANÇA INDIVIDUAL/      LIDERANÇA GRUPAL/
               CARISMÁTICA                SITUACIONAL
```

6.2. A LIDERANÇA SOCIAL: CARACTERIZAÇÃO, TIPOLOGIA, ENFOQUES E ÂMBITOS

Centrando nossa atenção no tipo de liderança a que nos referimos nestas páginas, a liderança social, o terceiro enfoque é o que aparece como mais plausível e o que podemos caracterizar de acordo com as duas grandes funções que o trabalho do líder social envolve: a função relacional ou de manutenção e a produtiva ou de rendimento[4]. Ambas as dimensões encontram seu sentido e fundamento na dupla raiz etimológica do conceito de animação: *animus*, mobilizar, dinamizar, pôr em relação (função relacional, centrada na manutenção do grupo); e *anima*, dar vida, dar sentido (função produtiva, centrada na tarefa do grupo)[5]:

> *Função relacional ou de manutenção (animus)*: centrada na manutenção das relações entre os membros do grupo. Dessa perspectiva, o líder social tem que facilitar o desenvolvimento do grupo através de funções como:

>> Conhecimento das características do grupo para o qual se dirige sua ação.

>> Facilitador da participação, tanto de um ponto de vista instrumental (como método de trabalho) como finalista (como meta ou valor em si mesmo para conseguir a autonomia individual e grupal), entre os membros do grupo.

>> Possibilitador da comunicação, das relações pessoais e do clima positivo no grupo.

>> Propiciar o humor, o desfrute e um clima agradável de convivência.

>> Estimular a autonomia do grupo com vistas à sua auto-organização.

---

[4] Alfonso Francia e Javier Mata, *Dinámica y técnicas de grupos*, Madri: Editorial CCS, 1999.
[5] Victor J. Ventosa, *op. cit.*, 2002.

» Inspirar confiança entre os membros do grupo, criando um ambiente seguro e descontraído.

> *Função produtiva ou de rendimento* (*anima*): constitui a outra grande tarefa do líder social, mediante a qual ele orienta o grupo para a consecução de determinados resultados ou metas socioculturais. E, para que um grupo funcione bem e amadureça, não basta que seus membros se sintam bem – dimensão relacional ou de manutenção – mas, além disso, deve-se tentar conseguir uma meta por meio do desenvolvimento de atividades que sejam do interesse do grupo. Nessa linha, podemos mencionar determinadas funções a desempenhar:

» Conhecimento do meio e dos recursos potencialmente existentes nele, aproveitáveis para o desenvolvimento de atividades e projetos.

» Manejo das técnicas de animação que impliquem a consecução de objetivos próprios do grupo.

» Organizar e dinamizar os recursos sociais e comunitários existentes, comprometendo o maior número de agentes sociais e de instituições.

A partir daqui, existem múltiplas tipologias de liderança, muitas delas desenvolvidas de uma maneira um tanto artificial, como reconhecem alguns autores[6].

A mais conhecida é a classificação clássica, que agrupa e diferencia os líderes em relação ao modo como gerenciam o poder com respeito ao grupo[7]:

> Autocrático: estilo autoritário. Toma o poder.
> Democrático: estilo participativo. Compartilha o poder.
> Permissivo (*laissez-faire*): deixa o grupo à vontade. Transfere o poder.

Eu me centrarei em minha própria tipologia, elaborada especificamente para a liderança social enquanto animação sociocultural, entendendo o líder social como animador e classificando-o segundo seu *status* ou papel com respeito ao grupo.

Segundo essas premissas, podemos classificar e descrever os seguintes tipos de líderes[8]:

---

[6] Alfonso Francia e Javier Mata, *op. cit.*, p. 92.
[7] Roberto Pascual, *Liderazgo y participación: mitos y realidades*, Bilbao: Universidad de Deusto, 1987.
[8] Victor J. Ventosa, *op. cit.*, 2002, pp. 146-9.

TIPOLOGIA DE LIDERANÇA SOCIAL

VARIÁVEIS	NATURAL	VOLUNTÁRIO	PROFISSIONAL
RELAÇÃO GRUPAL	> Egocêntrica > Centrípeta > O monitor centraliza as relações	> Exocêntrica > Centrífuga > O grupo centraliza as relações	> Dialética e relacional > O monitor interage com o grupo
DENOMINAÇÃO	Líder natural ou espontâneo	Líder militante ou voluntário	Líder profissional
ESTATUTO	> Carismático > Espontâneo	> Ético > Militante	> Profissional > Contratual
ATUAÇÃO	> Interna > Atua de dentro do grupo	> Interna-Externa > Atua de dentro e/ou de fora do grupo	> Atua de fora e com grupos múltiplos
NÍVEL DE INTERVENÇÃO	Intragrupal	Intergrupal	Institucional
REQUISITOS	> Carisma pessoal > Confiança grupal	> Atitudes > Aptidões > Confiança > Institucional	> Qualificação > Competência > Profissionalismo
QUALIDADES	> Identificação grupal > Empatia > Espontaneidade > Dom para lidar com pessoas > Entusiasmo	> Altruísmo > Alta motivação > Alta inserção no meio	> Objetividade > Visão global > Dedicação > Estabilidade > Especialização
PERIGOS	> Ostracismo > Improvisação > Voluntarismo > Dirigismo > Hierarquização > Ativismo	> Paternalismo > Fundamentalismo > Manipulação > Sublimação de frustrações ou compensações afetivas	> Tecnocratização > Burocratização > Afastamento da realidade concreta
ATITUDE	*Emotividade:* Preocupação com o imediato e puramente vivencial	*Idealismo:* Preocupação com o ético e ideológico	*Pragmatismo:* Preocupação com a eficácia e a utilidade

Enfoques da liderança social

Atendendo aos diversos tipos de organizaçõs sociais existentes na atualidade, podemos distinguir diferentes enfoques de liderança social:

> *Político*: em que o líder social exerce uma função de contrapoder diante de Estados, governos ou outros poderes fáticos. É o caso da liderança exercida em organizações não governamentais (ONGs) que lutam contra a pena de morte (Anistia Internacional), pela proteção do meio ambiente (Greenpeace) ou pelos direitos humanos.

> *Associativo*: exercido principalmente em associações sociais, culturais ou educativas, onde a liderança tem uma forte dimensão social.

> *Cooperante*: costuma estar presente naquelas ONGs dedicadas à cooperação internacional através de programas específicos (sociais, educativos, sanitários) ou dirigidos para populações específicas (infância, juventude, adultos, idosos, incapazes, imigrantes, mulheres).

> *Cultural*: é o tipo de liderança predominante nas fundações culturais e instituições de mecenato cultural e educativo, muito centrado na gestão e na dimensão técnica e artística.

Âmbitos de liderança social

Os espaços em que se desenvolve esse tipo de liderança também podem ser identificados em função das características que definem as instituições que os acolhem:

> Organizações não governamentais (ONGs) são, talvez, um dos âmbitos mais visíveis e difundidos de liderança social.

> Associações: depois das ONGs, representam, possivelmente, outro dos âmbitos mais importantes da presença e do exercício da liderança social, dada a diversidade de tipos associativos existentes (juvenis, infantis, culturais, desportivos, de vizinhança, de usuários e consumidores, religiosos etc.).

> Coletivos, movimentos ou grupos de base de bairro, comunitário ou reivindicativo que, embora não cheguem ao grau de organização nem à estabilidade das associações, costumam ter muito mais impacto e visibilidade social.

> Entidades do terceiro setor ou de economia social constituem outro nicho importante de exercício de liderança social, em que se harmoniza a finalidade econômica com a social e o benefício à comunidade.

> Lideranças sociais personalizadas, centradas na pessoa do líder, mais do que no âmbito de atuação ou coletivo em que ele atua.

Características da liderança social

Embora os líderes sociais compartilhem as características básicas, comuns a qualquer líder, existe uma série de traços que os identificam e os diferenciam dos demais:

> Objeto e missão compartilhada, de caráter transformador.

> Dimensão e contexto grupal, tanto com respeito à sua equipe (interna) quanto ao resto da organização (externa).

> Baseia sua influência não na hierarquia nem no *status*, e sim nos valores compartilhados com o resto da organização, em sua coerência e credibilidade.

> Estilo participativo, afastado de posturas personalistas, hierárquicas e diretivas.

Competências da liderança eficaz

Juntamente com esses traços específicos e diferenciados, o líder social deve compartilhar uma série de competências generalizáveis com o restante dos líderes, mas decisivas na hora de exercer uma liderança efetiva:

> *Habilidades interpessoais e de comunicação*, baseadas numa boa inteligência emocional orientada para o desenvolvimento dos demais e da comunicação.

> *Capacidade para fixar objetivos claros e inclusivos*, com os quais se identifique o resto dos membros da organização.

> *Autoconhecimento*: conhecer a si mesmo, suas possibilidades e, sobretudo, seus limites.

> *Integridade*: o líder em geral deve ser honesto, mas o líder social deve, além de ser, parecer.

> *Aceitação e consciência da diversidade*: não só deve aceitar a diversidade como aproveitar suas sinergias para potencializar a identidade e a força da organização.

> *Habilidades políticas*: embora o líder social não seja um líder político, deve, no entanto, ter as habilidades políticas suficientes para saber gerir os conflitos e fazer a intermediação com as instituições políticas e as administrações.

> *Raciocínio estratégico e imaginação visionária*: o líder social há de ir sempre à frente do aqui e do agora, sem se perder nas coisas cotidianas, traçando um horizonte para os projetos e as ações da organização.

> *Orientação ao usuário e aos resultados*, evitando as visões egocêntricas ou umbilicais em que frequentemente caem muitas organizações.

> *Habilidades negociadoras*, propondo fórmulas em que todas as partes saiam ganhando.

> *Liderança participativa*, com capacidade para saber delegar e trabalhar em equipe.

> *Capacidade de influenciar*, baseada não na imposição, e sim na persuasão e no prestígio.

> *Gestão da mudança*: face à tendência de acomodação ou à inércia, o líder social deve fomentar a inovação, sabendo gerir os conflitos que dela derivem.

> *Capacidade de mediar e resolver conflitos*, centrando-se sempre nos problemas a superar e não nas pessoas que os produzem, mantendo a equanimidade.

> *Saber tomar decisões*, fugindo da indefinição e da passividade ante situações ou problemas em que tem de assumir ou repartir responsabilidades.

> *Estilo participativo e colaborativo*, que resume e fundamenta, como veremos agora, a atitude principal do líder social.

Dentre todas essas competências, as mais destacadas pelos próprios líderes, segundo estudos recentes realizados a respeito[9] são as competências interpessoais orientadas para o desenvolvimento dos demais, a integridade, a honestidade e o estilo participativo e colaborativo.

Liderança e inteligência social e emocional

Da simples leitura das qualidades e características que definem o líder social eficaz, comprovamos que a maior parte delas se integra no que, atualmente, se conhece como inteligência emocional e social. Por isso, vamos dedicar este trecho a analisar esses dois conceitos em relação ao nosso tema.

A psicologia clássica distinguiu três tipos de inteligência:

> Abstrata: centrada no manejo de símbolos e conceitos.
> Concreta: dedicada ao manejo dos objetos.
> Social: orientada para o manejo das relações interpessoais.

Historicamente, alguns autores atribuem a Thorndike o nascimento do conceito de inteligência social nos anos 1920[10] que se refere à "sabedoria social" como aquela habilidade para entender e ajudar as pessoas a atuarem sabiamente em suas relações humanas.

No entanto, os autores considerados os pais do termo "inteligência social" são John Mayer e Peter Salovey, que a definem como aquela habilidade para perceber, compreender e manejar os sentimentos próprios e alheios.

Por outro lado, existe outro acontecimento que também contribui decisivamente para que o conceito de inteligência deixe de ser enunciado no singular para passar a uma consideração e análise no plural. Temos que atribuir esse mérito a Howard Gardner e à popularização de sua teoria das inteligências múltiplas[11]. Dos oito tipos de inteligência que preconiza, nos interessam fundamentalmente dois, pela relação expressa com nosso tema:

> *A inteligência interpessoal*: de onde se acessa o conhecimento ou a consciência de si mesmo e a autorregulação de nossos impulsos e escolhas.

---

[9] Ignasi Carreras, Amy Leaverton e Maria Sureda, *op. cit.*

[10] Daniel Goleman, *Inteligencia social*, Barcelona: Kairós, 2006. Edição brasileira: *Inteligência social*, São Paulo: Elsevier Trade, 2006.

[11] Howard Gardner, *La nueva ciencia de la mente*, Barcelona: Paidós, 1988.

> *A inteligência intrapessoal*: pela qual acessamos o conhecimento dos outros, através de habilidades como a empatia, a capacidade de interação e comunicação, a habilidade para resolver conflitos ou a capacidade de influir nos demais. Esse tipo de inteligência é imprescindível ao trabalho da animação sociocultural e, por isso, deve ser parte das habilidades e capacidades de um bom profissional da área.

Contudo, o autêntico difusor e popularizador do tema é Daniel Goleman, com seu livro *Inteligência emocional* (1996), autêntico *best-seller* em que estabelece um modelo de inteligência emocional composto por uma série de traços integrados em duas competências básicas[12]:

> *Competência pessoal*: composta da consciência de si, da autorregulação e da motivação.

> *Competência social*: na qual se integram a empatia e as habilidades sociais.

Em relação à liderança social, nos interessa especialmente ressaltar as principais competências constitutivas da chamada inteligência social, já que nos traz uma interessante informação sobre as qualidades próprias do líder social.

Nesse sentido, o modelo de Goleman[13] divide as competências próprias da inteligência social em duas grandes dimensões:

> *Consciência social*: o que *sentimos* em relação aos demais. Determina o grau de sensibilidade social de cada pessoa.
> *Atitude social*: o que *fazemos* com a consciência social. Constitui o grau de habilidade social.

As ferramentas ou habilidades básicas com que trabalha a inteligência social são as seguintes:

> *Credibilidade*: resultado, por sua vez, de uma série de sinais, tais como a sinceridade, a coerência, o apreço pelo outro, a confiança, a positividade e os valores compartilhados.

---

[12] Daniel Goleman, *Inteligencia emocional*, Barcelona: Kairós, 1996. Edição brasileira: *Inteligência emocional*, São Paulo: Objetiva, 1997.

[13] *Idem, op. cit.*, 2006.

> *Escuta ativa*: não só deixar falar, porém manifestar interesse, atenção e compreensão do que se escuta.

> *Empatia* ou capacidade de pôr-se no lugar do outro. Essa é a base da compaixão e, depois do descobrimento dos neurônios-espelho, tem uma fundamentação neurológica.

> *Proatividade* ou atitude propositiva de sugerir as questões positivamente, em termos de propostas e não de críticas destrutivas (reatividade).

> *Retroalimentação* ou *feedback*, propondo a comunicação em termos bidirecionais.

> *Capacidade perceptiva*, especialmente nas primeiras impressões.

> *Habilidade de comunicação*, pondo meios para sua otimização e evitando os fatores (verbais ou não verbais) que a bloqueiam ou dificultam.

De todas as definições dadas sobre inteligência social, a mais completa em minha opinião é a de Gardner[14], que a considera uma acumulação de saberes e de experiências geradas por comunidades e grupos sociais, que se manifestam em estratégias de convivência e sobrevivência e se operacionalizam em habilidades sociais individuais.

Nesse sentido, temos de distinguir dois tipos ou níveis de inteligência social:

> *A organizacional*: conjunto de competências necessárias para o cumprimento da responsabilidade social das organizacões. Entendendo por "responsabilidade social" aquilo que vai mais além do legalmente exigível por parte da organização e das obrigações de seus membros. Requer uma inteligência estratégica e uma visão holística da realidade, capaz de enfrentar a complexidade, gerir equilíbrios e articular estruturas.

> *A individual*: ou a inteligência social do líder propriamente dito como pessoa ou indivíduo. Esse tipo de inteligência é a que permite a compreensão de si mesmo, assim como o "saber estar" em relação aos demais.

---

[14] Howard Gardner, *op. cit.*

6.3. LIDERANÇA SOCIAL PARTICIPATIVA: CARACTERÍSTICAS E COMPETÊNCIAS

A partir do que foi dito, já estamos em condições de poder definir a liderança social participativa como aquele tipo de liderança social dirigido especialmente para ensinar um grupo ou coletividade a participar, mediante seu comprometimento, de projetos sociais livremente escolhidos por ele.

Nesse sentido, a liderança social participativa é o resultado da aplicação dos pressupostos e da metodologia da animação sociocultural no âmbito da participação social.

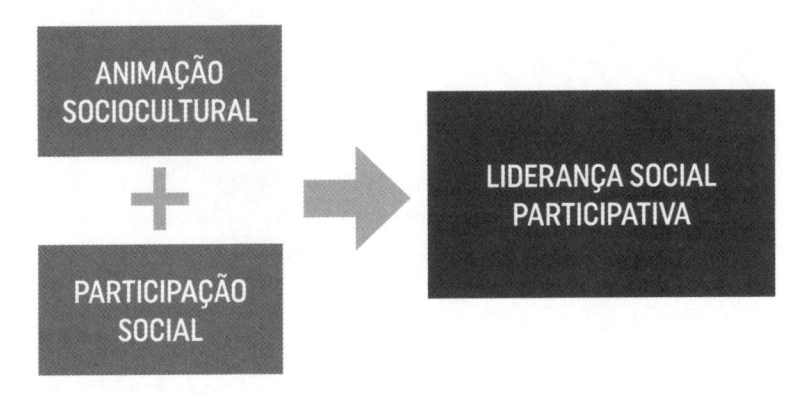

ANIMAÇÃO SOCIOCULTURAL + PARTICIPAÇÃO SOCIAL → LIDERANÇA SOCIAL PARTICIPATIVA

Para um exercício pleno de liderança social participativa são necessários três tipos de competências:

> *Emocional*: expressa basicamente pela consciência e pelo conhecimento de si mesmo, pela autogestão e pelo controle das próprias emoções.

> *Social*: refletida especialmente na consciência social e na gestão das relações com os demais.

> *Cognitiva*: sobretudo a capacidade analítica e conceitual, profundos conhecimentos de seu campo de intervenção e ampla experiência.

Da integração desses três tipos de competências se podem extrair as que considero, por experiência, como as mais importantes aplicadas ao campo da liderança social participativa: *empatia, automotivação, resistência à frustração, capacidade motivadora* e *habilidade implicadora*. Enquanto poderíamos dizer que as três primeiras são comuns à liderança social genérica, as duas últimas afetam especialmente a modalidade participativa da liderança social. E são precisamente as que comportam o perfil do animador sociocultural, na qualidade de especialista em motivação e participação social.

[Diagrama: funil contendo três esferas rotuladas EMOCIONAIS, SOCIAIS e COGNITIVAS, convergindo para a caixa "COMPETÊNCIAS DO LÍDER SOCIAL PARTICIPATIVO"]

Como bem apontam Carreras, Leaverton e Sureda, ao citar um estudo de Goleman, Boyatzis e McKee[15], o êxito dos líderes não depende tanto do que fazem, mas do modo como fazem. Isso supõe um novo vínculo com o animador sociocultural, caracterizado precisamente não pelo que faz, e sim por como faz[16]. Esse caráter procedimental da animação é o que definimos aqui como didática da participação, porque sua missão principal e diferencial com respeito a outros perfis profissionais consiste em "ensinar a participar".

Para cumprir bem esse objetivo, é necessário combinar de maneira complementar e integrada as competências próprias tanto da inteligência emocional como da inteligência social, sem que isso nos leve a confundi-las.

Nesse sentido, o líder social participativo, na qualidade de animador, deverá ter a capacidade de atuar sobre seus próprios sentimentos (inteligência emocional) para poder agir com eficácia sobre os sentimentos dos demais (inteligência social)[17]. Em definitivo, ninguém pode animar outros se ele mesmo não estiver animado, porque ninguém dá o que não tem.

---

[15] Daniel Goleman, Richard Boyatzis e Annie McKee *apud* Ignasi Carreras, Amy Leaverton e Maria Sureda, *op. cit.*, p. 45.

[16] Ezequiel Ander-Egg, *Metodología y práctica de la animación sociocultural*, Madri: Editorial CCS, 2000, p. 99.

[17] Ignacio Morgado, *Emociones e inteligencia social*, Barcelona: Ariel, 2010.

6.4 POSSIBILIDADES E LIMITES DA PARTICIPAÇÃO

Entretanto, e em que pese tudo o que foi dito até aqui, não gostaria que o leitor finalizasse a leitura deste livro com a crença ou a impressão de que a participação seja a varinha mágica do trabalho grupal e da liderança.

Revisando a literatura científica a respeito[18], percebemos que a metodologia participativa possui múltiplas vantagens, mas também alguns inconvenientes que convém conhecer para minimizá-los e controlá-los.

Assim, sabemos que a participação melhora a motivação e a coesão grupal, mas nem sempre melhora a eficácia, a produtividade e a qualidade na tomada das decisões.

Por isso, é importante que tanto o animador quanto o líder social conheçam as condições necessárias para que o trabalho grupal e participativo possa ter êxito. Condições dentre as quais destaco três, por sua importância:

> *Conhecimentos suficientes*: os membros do grupo hão de conhecer bem o tema a ser debatido.

> *Habilidades grupais*: os membros do grupo têm que saber trabalhar em grupo.

> *Clima grupal positivo*: as relações entre os membros do grupo devem ser fluidas.

Em suma, *conhecimento*, *competência* e *relação* são os requisitos básicos para assegurar o bom resultado do trabalho grupal e participativo.

Daqui se deduz a importância de uma didática da participação como a que proponho e reivindico ao longo destas páginas. Para participar, não basta querer; há que saber, pois, do contrário, pode ser contraproducente, tanto na ordem dos resultados como na dos efeitos, especialmente a frustração que pode causar nos participantes.

Por isso, as condições de êxito da liderança social participativa passam por duas mudanças prévias:

> Mudança na estrutura organizacional da instituição interessada;
> Mudança da cultura diretiva da entidade.

Para conseguir ambas as mudanças, é preciso pôr em marcha um processo de formação e uma estratégia motivacional que modifique a cultura organizacional

---

[18] Roberto Pascual, *Liderazgo y participación: mitos y realidades*, Bilbao: Universidad de Deusto, 1987; Ignasi Carreras, Amy Leaverton e Maria Sureda, *op. cit.*

a partir de posicionamentos hierárquicos e compartimentalizados até enfoques organizativos descentralizados e colaborativos.

Essa transformação deve fundamentar-se numa série de valores e de princípios próprios de nossas atuais sociedades complexas e que podemos agrupar nas seguintes dimensões:

> *Ético-axiológicos*: uma sociedade democrática do século XXI, baseada na justiça social, exige um estilo de liderança participativa e uma mudança da ética do trabalho, baseada unicamente no dinheiro e no consumo, para a ética da autorrealização.

> *Pedagógicos*: o nível educativo e cívico atual das cidades exige um tratamento muito mais participativo, tendo em conta as possibilidades com que, além disso, nos brinda a internet e os avanços das novas tecnologias a ela associadas.

> *Psiconeurológicos*: os avanços da psicologia positiva e das neurociências nos abrem um conhecimento mais científico e profundo de onde e como se conseguem os níveis de satisfação e felicidade mais centrados nas aspirações de autorrealização pessoal e coletiva do que na cultura do consumo. Esses avanços são especialmente relevantes nos últimos anos e jogam uma luz decisiva no campo da animação sociocultural, como será visto no próximo capítulo.

Finalmente, e a partir de tudo o que foi dito, podemos concluir afirmando que *animação*, *liderança* e *participação* constituem os três pilares para o desenvolvimento de uma didática da participação, tendo-se em conta que a animação traz a metodologia de intervenção; a liderança, o papel e o estilo do agente; e a participação, seu objeto, conteúdo e meta, ao mesmo tempo, de todo o processo.

LIDERANÇA SOCIAL PARTICIPATIVA (Papel e estilo)	ANIMAÇÃO SOCIOCULTURAL (Metodologia)	PARTICIPAÇÃO (Objetivo e meta)

↓

DIDÁTICA DA PARTICIPAÇÃO

7. NEUROANIMAÇÃO: UMA NOVA MODALIDADE DE INTERVENÇÃO SOCIOEDUCATIVA A PARTIR DA NEUROCIÊNCIA

7.1. CONCEITO E FINALIDADES

Um dos exemplos mais significativos e evidentes de como se pode tirar partido da fundamentação científica da animação sociocultural é o que adiante denominarei "neuroanimação".

Nesse sentido, chamarei de neuroanimação:

> *A aplicação bidirecional dos avanços das neurociências ao âmbito da animação sociocultural e das pautas dessa disciplina na dinamização do cérebro, a partir de tais achados científicos.*

Da definição anterior podemos deduzir que a neuroanimação persegue três propósitos básicos:

> **Fundamentação científica:** intenta analisar, selecionar e relacionar todas aquelas contribuições e resultados das chamadas neurociências naquilo que podem ter de utilidade explicativa, heurística ou aplicativa no âmbito da animação sociocultural.

> **Desenvolvimento de aplicações**, estratégias e protocolos de intervenção socioeducativa, avaliados por resultados comprovados e validados empírica ou experimentalmente.

> **Animação cerebral:** cruzando as duas finalidades anteriores, pretendemos adentrar pela primeira vez em como dinamizar o cérebro, aproveitando e utilizando os postulados e ferramentas da animação sociocultural, à luz do que sabemos sobre seu funcionamento.

7.2. BASES NEUROLÓGICAS DA MOTIVAÇÃO E DO APRENDIZADO ÓTIMO

Para poder alcançar as finalidades formuladas, temos de levar em conta o peso ou a presença de uma série de variáveis, entre as quais destaco as seguintes:

> *Novidade*: uma das primeiras conclusões que podemos extrair da investigação neurobiológica é que o cérebro evolutivamente está conformado para reagir tão somente à novidade, ao inusual ou surpreendente. Isso se acentua especialmente em etapas como a adolescência, quando o cérebro ainda está imaturo e em plena reconfiguração. Daí a importância do bom manejo dessa variável para todos os educadores e animadores juvenis. Nesse sentido, podemos afirmar que animar equivale a surpreender e um profissional da animação conseguirá motivar e captar a atenção de um grupo à medida que for capaz de surpreendê-lo com suas propostas iniciais assim como por seu caráter inovador, provocativo, desafiante ou inusual.

Essa premissa não só é útil para a animação como também perante qualquer processo de aprendizado formal ou escolar, embora nesses contextos (formais, rotineiros e fortemente regulamentados) aparentemente pareça mais difícil propor situações novas, capazes de provocar surpresa. No entanto, nós, que tentamos aplicá-la também em sala de aula, sabemos não só que é possível como às vezes é a única via para provocar o aprendizado de nossos jovens alunos.

> *Não há piores inimigos do aprendizado do que o tédio e a monotonia.*

> *Concentração*: outra das últimas descobertas da neurologia que desmente essa crença tão difundida atualmente pela imagem tecnológica, hiperativa e competitiva de nosso tempo é a de que é mais produtiva a multitarefa e a hiperinformação, quando o certo é que se comprovou que nosso cérebro só está preparado para trabalhar de maneira sequencial e não em paralelo. Nesse sentido, desenvolver várias tarefas ao mesmo tempo não é uma demonstração de virtuosismo nem de eficiência, mas, ao contrário, submete nosso cérebro a um trabalho para o qual não está ajustado. A sabedoria popular há muito tempo reflete perfeitamente essa situação num conhecido provérbio: "Quem muito abraça pouco aperta".

Portanto, o que chamamos multitarefa, ou realização de várias tarefas ao mesmo tempo, na realidade é um estar saltando intermitentemente de uma para outra, tendo em conta que, cada vez que nosso cérebro é distraído pela menor mudança de atividade (ir beliscar na geladeira, atender uma chamada de telefone, abrir uma mensagem dos grupos de WhatsApp ou olhar as redes sociais, para dar alguns dos exemplos mais usuais), o cérebro tardará um mínimo de quinze minutos para voltar a se concentrar até recobrar o rendimento perdido, uma vez retomada a tarefa anterior[1].

Por consequência, um bom educador e animador deverá expor e fazer propostas ao grupo de uma em uma e conforme uma lógica sequencial ou progressiva. Assim mesmo, para facilitar a concentração do grupo na realização de uma determinada atividade ou projeto, se deve evitar todo tipo de distração, tanto as internas (preocupações, pensamentos, devaneios) como externas (ruído ambiental, excesso de informação, hiperestimulação, mensagens cruzadas, pautas contraditórias etc.). Por fim, a animação sociocultural não pode ser confundida nem com a hiperatividade nem com o frenesi ativista.

O melhor animador não é o que trabalha por dez, e sim o que faz dez trabalhos.

> *Movimento*: não é nenhuma novidade a constatação da importância do movimento no desenvolvimento psicomotor infantil, assim como sua benéfica repercussão na saúde física do adulto e do idoso. O que não é tão conhecido é o papel estelar que também exerce o movimento no desenvolvimento neuronal, especialmente no desenvolvimento do cérebro infantil e juvenil[2].

É ilustrativo reparar que nem todos os seres vivos têm cérebro. Do ponto de vista evolutivo, somente o possuem os que dele necessitam. Esse não é o caso das plantas, por exemplo, que, não tendo que se mover, não lhes faz qualquer falta. Nesse sentido, alguns autores associam a origem do cérebro à necessidade de deslocar-se para sobreviver[3]. A partir daqui podemos compreender o papel decisivo do movimento como estímulo e consolidação do aprendizado.

As implicações dessa descoberta para a didática geral são claras e, portanto, também para a didática da participação, por intermédio da metodologia própria da animação sociocultural, na medida em que oferecem evidência científica à importância do exercício físico, dos jogos e, em geral, das técnicas de animação para a consolidação dos processos de aprendizado social associados à participação. Nesse sentido, foram desenvolvidos experimentos que demonstram que o movimento incrementa o aprendizado, o que contradiz alguns tópicos educativos tradicionalmente

---

[1] David A. Sousa (ed.), *Neurociencia educativa*, Madri: Narcea, 2014.

[2] *Ibidem*.

[3] *Ibidem*.

assentados em pais e mestres com respeito à obsessão por manter quietas a todo custo as crianças enquanto estudam ou escutam. Do mesmo modo, fundamentam e ratificam ao mesmo tempo a importância dos métodos ativos próprios da animação sociocultural, associados ao jogo, ao movimento e à educação ao ar livre.

> *Dieta*: a fisiologia do cérebro também nos traz interessantes achados, que têm uma aplicação direta em nossa área. O primeiro dado que temos de observar é o que se refere ao consumo energético do cérebro humano, especialmente intenso em relação a seu tamanho. Representando aproximadamente 2% de nosso corpo, consome 20% de sua energia, e esse consumo energético se baseia fundamentalmente em três tipos de combustíveis: oxigênio, glicose e água. A partir daqui, podemos extrair importantes consequências e aplicações didáticas elementares para os educadores e animadores, pois constatou-se que o aprendizado aumenta até 25% com contribuição extra de água, ar livre e glicose (frutas, uvas-passas etc.)[4].

A intuição genial que tiveram os pais do movimento de renovação pedagógica, da Escola Nova, da instituição livre de ensino e da pedagogia do lazer em finais do século XIX e princípios do XX, reivindicando as virtudes da educação ao ar livre, em ambientes abertos e em contato com a natureza, se vê ratificada, desse modo, pelos avanços atuais da neurociência.

> *Grupo*: também são bem conhecidas pela psicologia social as vantagens do trabalho em grupo, tanto do ponto de vista da melhoria da motivação, do clima de trabalho e do aprendizado, como do ponto de vista emocional e social. A isso temos de acrescentar os efeitos que as atividades grupais também têm no âmbito cognitivo e cerebral, como é o caso das pessoas com mais de 50 anos.

7.3. ESTRATÉGIAS DE NEUROANIMAÇÃO

Recapitulando o que foi dito, podemos estabelecer uma série de estratégias didáticas muito úteis para fundamentar o campo socioeducativo e aplicar a ele, baseadas nas contribuições da neurociência atual, entre as quais destacamos as seguintes, por sua relação e aplicação ao campo da animação sociocultural:

> **Apresentar propostas inéditas e surpreendentes.** Qualquer processo de animação sociocultural, para ser realmente motivador e efetivo do ponto

[4] *Ibidem*.

de vista didático, há de ser **provocativo**. Para isso, deve apresentar-se de forma **inovadora**, de maneira a causar *surpresa, curiosidade, comprometimento, desafio*. Nesse sentido, animar equivale a provocar, e o animador deve ser um provocador que mobilize o grupo ou a comunidade mediante propostas atrativas, tentadoras ou estimulantes, baseadas nas capacidades, possibilidades e interesses de seus destinatários. "Quem se atreve a subir lá, montar uma peça de teatro ou criar uma associação?" devem ser expressões que formem parte da linguagem e do estilo do animador com respeito ao grupo, com o fim de motivá-lo com base em desafios e provocações atraentes.

> **Desenvolver propostas dinâmicas e ativas**. Movimento e atividade são ingredientes imprescindíveis em todo processo de aprendizado para que este se otimize. Ocorre que a circunstância do movimento (*animus* = pôr em relação, mobilizar) e a atividade (*anima*: dar vida, sentido) são os dois componentes básicos e definidores da animação sociocultural[5]. Por isso, a **metodologia ativa** própria de nossa disciplina não é uma opção didática a mais, como até agora se acreditava, mas, à luz do que foi dito, se converte na melhor alternativa metodológica para consolidar os processos de aprendizado, especialmente quando eles versam sobre conteúdos procedimentais, como o aprendizado da participação.

Do mesmo modo, o movimento (*animus* = mobilizar, pôr em relação), além de ser a outra função fundamental da animação sociocultural, está implícito na maior parte das técnicas e dos recursos de animação sociocultural através do jogo, da criatividade e das dinâmicas grupais. Até agora, o justificávamos por razões lúdicas e motivadoras, mas já sabemos que, além do movimento contribuir para o desenvolvimento cerebral infantil e juvenil, ajuda não só a melhorar as competências motoras, mas também as cognitivas[6]. Por fim, a animação sociocultural incorpora um autêntico arsenal de recursos lúdico-criativos ao grupo, através do jogo, do desporto, das expressões dinâmica, dramática, musical ou plástica, que trazem movimento e atividade ao aprendizado de seus membros, facilitando sua consolidação.

> *O movimento e a ação constituem duas alavancas do desenvolvimento cerebral e são os dois motores básicos da neuroanimação.*

---

[5] Victor J. Ventosa, *Fuentes de la animación sociocultural en Europa*, Madri: Editorial CCS, 2002.
[6] David A. Sousa (ed.), *op. cit.*, pp. 47, 55, 59.

> **Incorporar o ritmo e a música.** Recentes investigações neurológicas mostram como o ritmo e a música afetam determinadas áreas do cérebro (concretamente o lóbulo parietal), atuando como estimuladores e fixadores do aprendizado[7]. Essa descoberta revaloriza e corrobora a importância de outro dos recursos mais utilizados em animação sociocultural para motivar e ensinar a participar, como é a expressão e animação musical em suas diversas vertentes associadas ao jogo, aos bailes e às canções. Esse recurso, dentro da animação, ganha especial relevo quando se trabalha com crianças – por sua dimensão lúdica e criativa – e com jovens – por ser um componente identitário de sua cultura –, mas também se mostra muito útil e efetivo com pessoas idosas pelo poder evocador da música e sua capacidade rememorativa[8].

> **Trazer *feedback* positivo.** Outra importante alavanca de aprendizado é a devolução de informação ao participante, no que se refere a seus êxitos, especialmente quando se manifesta de maneira natural e positiva. O cérebro funciona e avança de maneira sequencial a partir dos passos anteriores, pelo que a retroalimentação informativa serve para comprovar seus avanços e reconduzir o processo, garantindo os acertos e corrigindo os erros. Essa devolução, para que seja realmente eficaz, tem que reunir ao menos quatro condições:

* *Imediata*: o *feedback* deve ser subsequente à atuação a que se refere. Quanto mais demora houver entre um e outro, menos eficácia terá.

* *Clara e concreta*: o retorno deve ser específico e chegar com clareza a seu destinatário, evitando a informação demasiadamente genérica ou difusa que, em vez de esclarecer, pode criar incerteza e agravar a insegurança e o estresse já por si associados a todo processo de aprendizado.

* *Concisa*: a mensagem deve ser breve e não se perder em rodeios, circunlóquios ou excessivas explicações, já que isso acontece em detrimento da atenção que, como também sabemos, decresce com o tempo.

* *Positiva*: independentemente de a devolução informativa ser dirigida para reforçar ou corrigir os resultados, a forma como vai ser transmitida a mensagem deve ser sempre construtiva e positiva. Um "está mal" não

---

[7] Eric Jensen em David A. Sousa (ed.), *op. cit.*

[8] Victor J. Ventosa, *Desarrollo y evaluación de proyectos socioculturales*, Madri: Editorial CCS, 2001.

tem o mesmo efeito que um "você pode fazer melhor". O primeiro gera frustração. O segundo estimula e anima a tentar novamente se, além disso, sugerimos alternativas de melhora: "Você pode fazer melhor se evitar isso ou corrigir aquilo".

Por outro lado, comprovou-se que o *feedback* positivo ("bom trabalho", "bem-feito", "está fazendo bem") libera serotonina no cérebro[9], convertendo o aprendizado em algo prazeroso e eficaz. Por isso, a animação sociocultural, além de ser um modelo específico de intervenção no âmbito da educação não formal, tem também aplicações inquestionáveis na educação formal, já que o melhor docente ou formador é aquele que se converte em animador dos processos de aprendizado de seus alunos.

| IMEDIATA | CONCRETA | CONCISA | POSITIVA |

RETROALIMENTAÇÃO EFICAZ

> **Facilitar a comparação.** Outra grande descoberta da neurodidática é aquela que evidencia a importância da comparação como método básico de aprendizado, já que se sabe que o cérebro *armazena dados por semelhanças e os recupera por diferenças*[10]. Por isso, toda proposta que convide o grupo a identificar semelhanças e diferenças, relacionar e comparar opções ou classificar informação está ajudando o cérebro a consolidar aprendizados, dado que isso exige um pensamento complexo que obriga a analisar e a avaliar a informação antes de poder categorizá-la. A nova informação que chega ao cérebro só será armazenada se este encontrar alguma informação já codificada com a qual aquela possa se relacionar. Esse processo é facilitado pela capacidade e a propensão inata de nosso cérebro para buscar, identificar e decifrar padrões. Facilitar essa "ancoragem" dos novos conhecimentos nos já adquiridos é, portanto, outra das funções de todo educador e de qualquer animador em sua missão de ensinar a participar. Do mesmo modo, a melhor maneira de ajudar a recordar ou recuperar informação é fornecer "marcadores" com os quais poder diferenciá-la do

---

[9] David A. Sousa (ed.), *op. cit.*, p. 76.
[10] Sherley G. Feinstein, "El cerebro del adolescente", em David A. Sousa (ed.), *op. cit.*, p. 67.

resto. Ambas as estratégias, portanto, devem estar presentes em todo processo de ensino-aprendizado e a ferramenta que as torna possíveis é a comparação.

> **Apresentar a informação por canais multissensoriais.** Também sabemos que o aprendizado é tanto mais eficaz e duradouro quanto mais canais sensoriais intervêm em seu processamento e, entre todos eles, a visão é a mais desenvolvida de nosso cérebro. Captamos com maior rapidez e recordamos melhor as imagens do que as palavras, do que resulta de grande ajuda para o aprendizado representar ou reforçar o que se quer transmitir com imagens, fotos, desenhos, esquemas, gráficos ou representações. Isso é especialmente importante ter em conta na hora de construir uma didática da participação na qual a matéria de aprendizado é mais procedimental do que conceitual. Para isso, a animação sociocultural dispõe, mais uma vez, de uma volumosa maleta de recursos expressivos e criativos. Dentre todos eles, destaca-se a animação teatral[11]. É que dificilmente encontraremos uma ferramenta ou meio expressivo que reúna tantos canais de comunicação e de estímulo sensorial e afetivo. No teatro se integram a imagem, a voz, o som, a percepção espaço-temporal, a emoção, a música, as artes plásticas, a literatura. Tudo integrado e a serviço do projeto do grupo.

> **Desenvolver a concentração e a atenção.** Condições prévias de todo aprendizado, mediante a criação de ambientes estimulantes e a eliminação ou minimização de distrações contextuais. Nesse sentido, a animação sociocultural utiliza múltiplas técnicas de atenção e de concentração antes de iniciar uma sessão grupal, mediante o jogo, a dinâmica grupal e as técnicas de participação baseadas em sugestão e visualização de determinadas situações ("o quadro-negro", "o avião", "o túnel"), no relaxamento ("a garrafa louca" ou "o armário"), na imobilidade ou no silêncio ("estátuas", "trevas")[12].

7.4. A PIRÂMIDE DE NECESSIDADES DO CÉREBRO

Um tema bastante estudado em psicologia é o das necessidades fundamentais que movem o ser humano. Autores como Glasser e Maslow o confirmam. Parafraseando este último, agora vou me referir mais especificamente à *pirâmide de necessidades do cérebro humano* para sublinhar quais são os propósitos

---

[11] Victor J. Ventosa, *op. cit.*, 2002.

[12] Victor J. Ventosa, *Métodos activos y técnicas de participación para educadores y formadores*, Madri: Editorial CCS, 2004.

fundamentais que levam o cérebro a atuar, para tê-las em conta e levá-las ao nosso terreno socioeducativo.

Sabemos que o propósito prioritário pelo qual nosso cérebro se move é a sobrevivência, depois a resolução das necessidades afetivas e, em terceiro lugar, o aprendizado cognitivo[13]. Isso quer dizer que qualquer educador e animador deve evitar ou minimizar ao máximo aquelas situações ameaçadoras que possam gerar medo ou angústia na hora de implementar processos didáticos, já que estas obrigam o cérebro a concentrar suas forças em enfrentá-las, bloqueando o aprendizado que é secundário (ou, mais exatamente, terciário, nesse caso). Demonstrou-se que certos níveis de estresse são benéficos para o aprendizado, ao manter a atenção e a motivação, mas desde que controlável pela pessoa e não ultrapasse seus limites.

Portanto, a segurança e a tranquilidade se apresentam ao nosso cérebro como pré-requisitos prioritários para poder aprender, da mesma maneira que as emoções positivas são pré-requisitos secundários. Estudos recentes advertem para a importância das emoções não só no aprendizado, como também na determinação de nossas decisões e atuações, chegando a obscurecer a razão, contra a concepção imperante do racionalismo e pondo em dúvida o livre-arbítrio humano[14].

Nós, que trabalhamos em e com a animação sociocultural, sabemos a importância que tem a criação de contextos emocionalmente positivos e intensos para poder alcançar nossa meta de ensinar a participar, engajando um grupo no desenvolvimento de projetos de seu interesse. Por isso, essas descobertas só fazem ratificar cientificamente o que já intuíamos pela experiência.

PIRÂMIDE DE NECESSIDADES CEREBRAIS

[13] David A. Sousa (ed.), *op. cit.*, p. 155.

[14] António Damasio, *En busca de Spinoza: neurobiología de la emoción y de los sentimientos*, Barcelona: Destino, 2013. Edição brasileira: *Em busca de Espinosa*, São Paulo: Companhia das Letras, 2004.

7.5. ATIVIDADES DE NEUROANIMAÇÃO

Concluo este capítulo propondo, a título ilustrativo, uma classificação aberta de atividades de animação que, por suas características, estimulam e melhoram o desenvolvimento do cérebro a partir do analisado.

Atividades baseadas no movimento e na expressão dinâmica

As mais adequadas e globais são as excursões, caminhadas e atividades ao ar livre, próprias da educação em tempo livre, por sua potencialização do movimento e do exercício físico em meios abertos e ambientes naturais, que trazem luz e oxigênio em ambientes estimulantes. Nesse sentido, convém advertir que boa parte das atividades de animação e de tempo livre estão fortemente imbuídas de movimento e de dinamismo, sendo o ar livre por um lado e o grupo por outro os dois meios prioritários de intervenção sociocultural. Exemplos clarividentes disso são os jogos de animação (tanto os chamados grandes jogos – gincanas, quermesses ou jogos de pistas – como os jogos de agilidade, reflexos ou corridas), as dinâmicas grupais ou as técnicas de participação. Entre as diversas opções possíveis, destaco a seguir algumas delas:

> *Corridas lúdicas*: a corrida como atividade física oferece múltiplas possibilidades do ponto de vista lúdico e criativo, através de variantes experimentadas com êxito durante anos em atividades de animação e tempo livre. É o caso das corridas por pares com os tornozelos amarrados, com um pé só, das corridas de "carrinho de mão" (duplas em que o primeiro corre com as mãos enquanto o segundo – de pé e andando – o empurra, segurando-o pelos tornozelos), das corridas de "tijolos" (por equipes, os participantes avançam até a chegada pisando em cima de tábuas ou tijolos que eles mesmos vão pondo adiante, recolhendo os que deixam atrás no percurso) ou das corridas de "cem pés" tanto em sua variante vertical (cada equipe avança até a chegada em fila, um atrás do outro, segurando na cintura do participante à sua frente e avançando mediante passos dados ao mesmo tempo) como horizontal (equipes em fila avançam com as mãos no chão e mantêm as pernas em cima das costas do companheiro de trás).

> *Revezamentos lúdicos*: uma conhecida modalidade de corrida, que também traz muitas possibilidades lúdico-criativas no âmbito da neuroanimação, com o estímulo de um sentimento de integração que esse tipo de atividade traz para os membros da equipe que a pratica. Por exemplo, o revezamento "enfiar agulhas ou botões", no qual se corre para um lugar onde se tem que passar um fio por um botão (ou uma agulha) e levá-lo ao companheiro seguinte para

que faça o mesmo até terminar todos os revezamentos. Outra modalidade é a do revezamento "túnel", em que cada equipe se dispõe em fila até o ponto final, com as pernas abertas para que o primeiro da fila passe por debaixo de todos de cócoras ou de gatinhas e levando um objeto (copo de água, bola etc.) até o último da fila, que o recolherá e levará correndo por fora do "túnel", até chegar ao início da fila para reiniciar o mesmo ciclo. A mesma corrida clássica de revezamentos oferece inumeráveis variantes, como realizar cem metros com um pé só, com sacos, de quatro, de caranguejo etc.

› *Jogos e dinâmicas grupais com bola*: com uma simples bola (de borracha, de pano ou inclusive de papel) e um grupo de participantes (entre oito e vinte) dispostos em círculo de cinco a oito metros de diâmetro, se podem realizar diversas variantes de se passar a bola enquanto se pronuncia o nome do destinatário e a chave ou senha escolhida para poder passá-la. Esse critério pode ser dado pelo contexto de aprendizado no qual se realize a atividade: nomes de animais ou de plantas, de capitais ou rios, de obras ou autores, de figuras geométricas ou operações matemáticas. Basta apresentar o jogo ao grupo, estabelecendo as normas de maneira clara, ordenada e concisa para evitar a confusão, a desordem e o consequente desânimo: 1ª – Olhar e dizer o nome do destinatário antes de lançar-lhe a bola; 2ª – Lançar a bola por cima da cabeça; 3ª – Não passá-la aos companheiros mais próximos; 4ª – Não repetir o que os outros já disseram. Destaco outras possibilidades:

» *Lançamentos emparelhados em círculo*: lançamentos de bola entre os membros de um grupo dispostos em círculo. Para torná-la mais complexa, os lançamentos podem ser feitos com os membros se movendo no círculo.

» *Interceptar a bola*: a mesma atividade que a anterior, mas colocando um jogador no centro do círculo com a tarefa de interceptar a bola lançada por seus companheiros.

» *Perseguição de bolas*: os participantes, dispostos em círculo, vão passando duas bolas numa mesma direção, começando de lugares diferentes, com o propósito de que uma chegue a alcançar a outra.

» *Nomes acima*: trata-se de lançar a bola para cima enquanto se pronuncia o nome de um dos participantes que terá que pegá-la antes que ela toque o chão. Esse jogo se presta a diversas variantes: dizendo as idades, os lugares ou meses de nascimento dos participantes, em vez de seus nomes, ou combinando com outros que, depois de pegar a bola, deve-se dá-la a alguém (estátua, queimada).

> *Outros jogos de movimento e de agilidade*: dentro dessa divisão de jogos, existe igualmente uma grande variedade de atividades grupais baseadas no movimento que, de maneira divertida e dinâmica, motivam e estimulam seus membros. Destaco alguns a título de exemplo:

» *Sair do círculo*: um dos participantes – situado dentro do círculo formado pelo resto de seus companheiros que estarão de mãos dadas e com as pernas abertas – deverá tentar sair do círculo enquanto os demais tratarão de impedi-lo sem mover os pés do chão nem desfazer o círculo.

» *Entrar no círculo*: é o processo inverso ao do jogo anterior. Nesse caso, trata-se de introduzir-se no círculo a partir de qualquer ponto de seu exterior para pegar um objeto que estará no centro (uma bola ou globo, por exemplo) e tentar sair com o objeto. Pode-se dar maior interesse e complexidade ao jogo se houver outro jogador que permaneça dentro do círculo com a missão de tentar evitar que o participante que vem de fora pegue o objeto no centro.

» *Os pacotes*: os participantes estão situados aos pares, um atrás do outro, formando um círculo entre todos eles e olhando para o centro. Dois jogadores se perseguem por fora do círculo de maneira que o perseguido deve evitar ser pego de surpresa correndo e/ou postando-se diante de algum par, momento em que o jogador situado atrás do referido par se converterá em perseguido. Se o perseguidor tocar ou alcançar o perseguido, antes que este se "salve", ambos trocam de papéis e o jogo continua ao inverso.

» *As barcas*: consiste em agrupar-se em "barcas" de um número determinado de passageiros dado pelo monitor ou animador do jogo. As barcas se formam com os participantes dando as mãos e sentando no chão sem se soltar, até comprovarem quais se salvaram (os que se formaram o número correto e não foram os últimos) e quais afundaram (os que se formaram com número incorreto e se sentaram por último).

Atividades baseadas na manipulação
A esse item pertence a ampla gama de oficinas de animação e tempo livre:

> *Oficinas de elaboração e manejo de materiais plásticos ou artesanais*: oficina de pintura, de argila e de massinha, oficina de bijuterias ou pulseiras, oficina de dobradura, de bonecões etc.

> *Oficinas baseadas na manipulação de objetos expressivos, desportivos ou lúdicos*: oficina de pipas, de criação de jogos ou de instrumentos musicais com materiais recicláveis ou de refugo, oficina de jogos populares ou típicos, oficina de marionetes e fantoches, oficina de perna de pau etc.

> *Oficinas gráficas, de decoração ou estamparia*: oficina de estampagem de camisetas, oficina de pintura e decoração de unhas, oficina de ilustração de bonés etc.

> *Oficinas de ciência e tecnologia*: oficina de inventos, oficina de construção de engenhocas etc.

> *Oficinas de confecção e desenho*: oficina de fantasias, oficina de máscaras etc.

Atividades complexas integradas e estruturadasem projetos socioculturais
Constituem a matéria-prima com a qual trabalha a animação e podem ser reais ou simuladas. A temática pode ser múltipla (cultural, social, comunitária, associativa, teatral, musical, desportiva, lúdica). O importante é que partam dos interesses de seus destinatários, requeiram seu engajamento ativo e sejam atrativas, grupais, desafiadores. O projeto é o que dá vida e sentido a um grupo (*anima*) ao traçar um caminho e um horizonte para seu desenvolvimento. Ao mesmo tempo, o projeto traz um material ou conteúdo e uma metodologia (ativa e indutiva) adequada ao aprendizado, especialmente o da participação e o do trabalho em equipe. Obviamente, existem tantos projetos quanto ideias viáveis do interesse do grupo, mas, como exemplo, seleciono alguns dos que costumam ser realizados em nossa atuação:

> *Projetos associativos*: criação e legalização de uma associação juvenil, cultural, desportiva.

> *Projetos culturais*: formação de um coral, criação de um grupo de teatro, organização de uma banda ou de um grupo de música, montagem de um espetáculo, criação de um clube de animação para a leitura.

> *Projetos ambientais*: criação de horta comunitária, sinalização de itinerários de caminhadas ou de rotas ambientais.

> *Projetos lúdico-educativos*: desenho e realização de um terreno de aventuras, organização e animação de uma ludoteca associativa ou comunitária, criação de um espaço de construção de brinquedos, com materiais recicláveis ou de refugo.

Atividades baseadas na expressão dinâmica e na criatividade artística
A atividade cerebral não é continuamente estável, mas evolui através de altos e baixos, numa alternância de momentos ativos e estados de sonolência ou relaxamento que muitas vezes interferem no aprendizado, para o qual a atenção e a concentração são indispensáveis. Nesse sentido, a animação sociocultural traz um bom arsenal de recursos lúdico-criativos elaborados a partir das expressões dinâmica, dramática ou musical, que atuam como estimuladores de motivação, energia e concentração para nosso cérebro, preparando-o para o aprendizado. Trata-se de atividades *simples, intensas e breves*, que satisfazem as necessidades primárias (segurança e confiança) e secundárias (emoção e diversão) do cérebro, predispondo-o a atender suas necessidades terciárias de aprendizado. Os que como nós as utilizam em contextos de educação tanto formal quanto não formal sabem por experiência que elas criam um ambiente positivo, relaxam e animam, dão coesão ao grupo, estreitam vínculos interpessoais, focalizam a atenção e estimulam a criatividade. Por outro lado, a maior parte dessas atividades pode ser aplicada aos diferentes contextos temáticos de aprendizado que se vai trabalhar, de forma que, além se serem usadas com caráter propedêutico, podem ser convertidas em recursos didáticos para o aprendizado de conteúdos específicos de matemática, língua e literatura ou geografia, por exemplo. De maneira ilustrativa, indico algumas propostas experimentadas pessoalmente, com ótimos resultados[15]:

> *Atividades de animação musical*: A música utilizada como meio de animação possui uma longa e conhecida trajetória, repleta de sucessos, de recursos e de modalidades já mencionados em trabalhos anteriores. Suas virtudes lúdicas, criativas e participativas estão, por isso, sobejamente demonstradas.

---
[15] Victor J. Ventosa, *Manual de técnicas de participación y desarrollo grupal*, Madri: Pirámide, 2016.

Mas agora, graças à neurociência, também sabemos que constitui um potente instrumento de estimulação e desenvolvimento cerebral[16]. Seja de maneira receptiva, utilizando-a como fundo ou complemento para ambientar determinadas tarefas formativas, seja de forma ativa, praticando-a através de jogos rítmicos, canções ou danças, por constituir uma das atividades mais apropriadas do que chamamos neuroanimação. Na sequência, trazemos alguns exemplos como amostra:

» *Dança das cadeiras*: os participantes, dispostos em círculo, se deslocam ao redor de um número de cadeiras igual ao número total de jogadores menos um, dispostas do mesmo modo, enquanto toca uma música ou melodia determinada. Quando a música para, cada um deles procura sentar-se em uma cadeira e aquele que não conseguir sai do círculo para converter-se em animador do jogo. Cada vez que sai ou é eliminado, um jogador retira-se uma das cadeiras, até que só fiquem dois participantes, que serão os ganhadores.

» *O baile da vassoura*: realiza-se dançando todos aos pares – menos um que dança com uma vassoura – ao ritmo de uma determinada música, até que esta acaba ou seja interrompida, momento em que todos devem mudar de par e o que fica sozinho continua a dançar com a vassoura.

» *Variações rítmicas*: distribui-se entre os participantes uma série de instrumentos rítmicos (pandeiros, tambores, triângulos, caixas etc.), com os quais vão ser iniciados, de maneira progressiva, determinados ritmos (binários, ternários ou quaternários), que podem posteriormente enriquecer-se com variações rítmicas (diminuindo e aumentando os tempos), podendo-se combinar os instrumentos e suas intensidades.

» *O diretor de orquesta*: o grupo, convertido em uma orquestra, interpreta corporal e vocalmente os movimentos e sons próprios do instrumento que dita um diretor previamente designado para tal fim. Enquanto isso, um jogador que desconhece quem seja o diretor, deverá descobri-lo mediante a observação atenta dos movimentos do grupo, para ver quem é que os inicia.

» *O cânone musical*: uma das formas musicais mais adequadas para iniciar a interpretação coral de maneira simples e divertida é o cânone,

---

[16] *Ibidem*.

composição musical que consta de uma melodia estruturada em duas ou mais partes, que são executadas por diversos coros, iniciando-a sucessivamente. Existe uma boa mostra de cânones desse tipo em diversos cancioneiros de animação e tempo livre[17].

» *Pacote musical*: os participantes, dispostos em círculo, vão passando um pacote de um em um e ao ritmo de uma música determinada. Quando a música se interrompe, quem estiver com o pacote nesse momento deve abri-lo e pegar um dos envelopes em que estará escrita uma mensagem com uma atividade, que terá de ser realizada (cantar uma canção, dançar, recitar um poema, contar uma piada) antes de continuar com a música e o pacote circular de mão em mão, reiniciando com isso um novo ciclo.

Atividades de animação teatral
Assim como a música, a expressão dramática é uma das ferramentas mais utilizadas e celebradas na animação sociocultural e oferece igualmente um elenco interminável de recursos para o desenvolvimento cerebral e a potencialização do aprendizado[18]. Desde a mais tenra infância, nosso cérebro está especialmente preparado e motivado para crescer e aprender mediante o mecanismo inato da imitação e da representação do que vemos e observamos nos outros. Por outro lado, o jogo de papéis e a dramatização de situações são excelentes exemplos de aprendizado ativo, motivadores em si mesmos pelo que têm de diversão, desafio, exploração e experimentação. Apoiando-nos em tais virtudes, podemos desenvolver jogos de imitação como o de "Simão disse" ou "Tudo o que mestre mandar", que, com uma pauta simples dada ao grupo, seus membros só terão de cumprir o que "Simão disse" (a professora ou o animador, por exemplo), ou "o que o mestre mandar", podendo indicar ações que tenham relação com a temática ou com os conteúdos de aprendizado abordados ("Simão disse para indicar o norte, o sul ou o oeste", "Simão disse para encontrar um objeto de metal, de plástico, de madeira, liso, rugoso ou de cristal") ou que estejam orientados a criar um clima motivador e estimulante (o mestre salta, dança, se balança, canta, recita, ri, se esconde). Outra forma muito sugestiva de animação teatral é a da improvisação desencadeada de maneira espontânea, seja através de competições ou propostas concretas (partida de improvisação). O jogo dramático é muito útil quando se trabalha com crianças, em que espontaneidade e dimensão lúdica são

---

[17] Victor J. Ventosa, *Expresión musical, educación y tiempo libre*, Madri: Editorial CCS, 1999.
[18] David A. Sousa (ed.), *op. cit.*

ingredientes fundamentais, a partir de propostas como o espelho ou a marionete. A dramatização de filmes, notícias de imprensa, anúncios ou programas de televisão também são outras fontes de recursos de animação teatral quando feitos de maneira que o grupo observador tenha que adivinhar de que filme, programa ou anúncio se trata[19]. Selecionei a seguir outros exemplos igualmente interessantes:

> *A marionete*: os participantes se colocam aos pares e um de seus membros exercerá o papel de marionete, que se move por fios, e o outro o do manipulador que os move.

> *O espelho*: a mesma disposição e mecanismo da atividade anterior, mas com os papéis de "espelho" (imitação dos movimentos e gestos do outro) e quem se olha nele (executor de movimentos e gestos diante do "espelho").

> *Dramatizações musicais*: o teatro e a música são dois aliados privilegiados da neuroanimação que, quando se juntam e integram, multiplicam ainda mais sua atração, seus efeitos e possibilidades. Nesse sentido, existem operetas e peças de teatro musical destinadas a serem utilizadas em programas e atividades de animação e de tempo livre com crianças, jovens ou adultos que demonstraram sua validade e versatilidade em diversos contextos, como "Focinhos e rabos" ou "O transplante de coração"[20], para mencionar só algumas das que posso responder por seu êxito, tendo-as representado pessoalmente em vários cenários.

> *Dramatizações com números*: consiste na dramatização de um romance, lenda ou fragmento dramático, apenas com a emissão vocal de números sucessivos por parte de seus intérpretes. Para tal efeito, podem servir de exemplo o "Romance dos sete alpinos"[21] ou alguma das divertidas cenas de "A Vingança de Dom Mendo", de Muños Seca.

> *Quadros plásticos*: essa atividade é um bom exemplo de como se pode trabalhar e utilizar a expressão corporal com finalidade lúdico-criativa e, por isso, neuroanimadora.

---

[19] Victor J. Ventosa, *La expresión dramática como medio de animación en educación social: fundamentos, técnicas y recursos*, Salamanca: Amarú, 1996.

[20] Victor J. Ventosa, *Teatro musical y de calle*, Madri: Editorial CCS, 2012.

[21] Victor J. Ventosa, *op. cit.*, 1999.

> *Os ofícios ou ocupações*: a representação de determinados ofícios diante de um grupo de observadores, que deve adivinhar a que profissão pertence o representado, é outra das possibilidades que oferece a animação teatral nesse campo.

> *Adivinhar o quadro*: se trata de representar cenas de quadros famosos que terão de ser reconhecidos e adivinhados pelo grupo observador.

> *Dramatização de refrões*: da mesma maneira que nos ofícios ou quadros, nesse caso se podem representar situações que descrevam dramaticamente determinados refrões, que terão de ser adivinhados pelos observadores.

Jogos de estimulação e reconhecimento sensorial

Como já vimos, as "janelas" por meio das quais nosso cérebro recebe os estímulos e a informação que processa do exterior são os nossos sentidos, especialmente a visão, seguida da audição, do tato, do olfato e do sentido proprioceptivo de nosso corpo. Por isso, aquelas atividades dirigidas a estimular e desenvolver qualquer um desses sentidos contribui para o desenvolvimento cerebral na medida em que potencializa os canais através dos quais este recebe a informação e os conteúdos de aprendizado. Nesse sentido, a animação sociocultural utiliza múltiplos jogos e dinâmicas de estimulação dos sentidos, entre os quais podemos destacar os seguintes:

> *Pinto pia:* um participante com os olhos vendados deve identificar o maior número de companheiros que estão sentados em círculo ao seu redor. Para isso, deve sentar em cima dos joelhos de um deles e de costas para ele terá a possibilidade de lhe pedir que "pie" até três vezes, com o objetivo de reconhecer sua identidade pelo som de sua voz. Se o consegue antes de esgotar as três tentativas, será substituído pelo identificado, do contrário voltará a tentar com outro participante.

> *Jogo de Kim*: um clássico dos jogos de animação e de tempo livre em que se trata de dar a conhecer apenas pelo tato ou mostrar uma série de objetos ao participante durante alguns segundos (não mais de oito a dez segundos), com a finalidade de que posteriormente possa lembrar-se do maior número deles uma vez separados de seu tato ou ocultados de sua vista.

* *Toca e segue*: um jogo igualmente simples em sua execução, mas complexo em seus atributos cognitivos, já que combina e integra numa mesma atividade

o exercício de memória, a sequencialidade, a observação e o movimento. Trata-se de dispor os participantes em círculo e sentados, de maneira que se vão levantando de forma sequencial para ir buscar aqueles objetos que previamente sejam designados pelo animador do jogo, para finalmente regressar com eles ao grupo e tornar a sentar-se até reiniciar um novo ciclo. Nesse sentido, e como nos casos anteriores, as orientações dadas aos participantes podem versar sobre a temática que se queira tratar ou aprender, seja linguagem ("trazer três ou quatro objetos cujos nomes comecem ou contenham determinadas letras"), matemática (trazer objetos com determinadas formas geométricas, pesos ou dimensões) ou plástica (tocar superfícies com determinadas texturas ou cores), para dar alguns exemplos.

> *Identificação de sons*: Depois da visão, a audição é outro dos sentidos mais importantes para o aprendizado. Para seu estímulo e desenvolvimento existem igualmente múltiplos jogos que o exercitam bem, seja em combinação com outros sentidos (como o já mencionado "pinto pia") ou de maneira exclusiva, como é o caso da escuta de sons do ambiente (dado um tempo máximo de um minuto, é preciso identificar com os olhos fechados o maior número possível de sons captados em nosso ambiente, comunicando-os posteriormente ao resto do grupo) ou a identificação de sons cotidianos gravados previamente (decolagem de um avião, campainhas de um relógio, sons de animais, ruídos de aparelhos domésticos etc.).

> *Aproximação silenciosa*: um ou dois jogadores se posicionam com os olhos vendados no centro e o resto se espalha num raio de dez a vinte metros ao redor. O jogador do centro terá que ir assinalando os participantes que se vão aproximando conforme os vá ouvindo. O participante descoberto deverá retroceder até o lugar do início. Chega-se ao final quando se consegue tocar ou tirar o boné do jogador do centro, sem que este se dê conta.

> *Reconhecimento pelo tato*: essa atividade pode ter múltiplas variantes, todas elas dirigidas a reconhecer o outro com os olhos vendados e somente com o tato. Para isso, primeiro se realiza uma rodada de reconhecimento tátil e com os olhos abertos daqueles participantes que depois terão os olhos vendados, de maneira que estes toquem antes a parte do corpo (as mãos, os braços, o rosto, o pescoço, a cabeça) que depois terão que tocar às cegas para adivinhar a quem pertence.

> *O pastor e suas ovelhas*: o grupo se divide em pastores e ovelhas, todos eles com os olhos tapados. A cada pastor é entregue um instrumento rítmico ou sonoro diferente (pandeiro, baquetas, matraca, triângulo, prato) que suas ovelhas terão de identificar para chegar até ele. Desse modo, cada ovelha terá que encontrar seu pastor previamente associado a um som. O jogo termina quando ao menos um dos rebanhos consegue reunir-se por completo com seu pastor.

BIBLIOGRAFIA

ACEMOGLU, D.; **ROBINSON**, J. A. *Por qué fracasan los países*. Barcelona: Deusto, 2012.

AGUILERA, O. R. *La educación de adultos en Iberoamérica: entre el adiestramiento y la liberación*. Tese de doutorado – Universidad Complutense. Madri: 1989.

ALONSO, M. S. *La participación: metodología y práctica*. Madri: Popular, 1991.

ÁLVAREZ, G. G. *Interacción social y animación juvenil*. Madri: Popular, 1990.

AMANI. *Educación intercultural: análisis y resolución de conflictos*. Madri: Popular, 1994.

ANDER-EGG, E. *La animación y los animadores*. Madri: Narcea, 1989.

_____. *Metodología y práctica de la animación sociocultural*. Madri: Editorial CCS, 2000.

ANTUNES, C. *Manual de técnicas de dinámica de grupo, de sensibilización y lúdico-pedagógica*. Buenos Aires: Lumen, 1992.

ARAÚJO, J. B.; **CHADWICK**, C. B. *Tecnología educacional: teorías de instrucción*. Barcelona: Paidós, 1988.

BANDURA, A. "El determinismo recíproco". Em: **PÉREZ**, A. I. e **ALMARAZ**, J. (coords.). *Lecturas de aprendizaje y enseñanza*. Madri: Fondo de Cultura Económica, 1988.

BATTEGAY, R. *El hombre en el grupo*. Barcelona: Herder, 1978.

BAUDRILLARD, J. *El otro por sí mismo*. Barcelona: Anagrama, 1997.

BAUMAN, Z. *Modernidad líquida*. Buenos Aires: Fondo de Cultura Económica, 1999.

_____. *La cultura como praxis*. Barcelona: Paidós, 2002.

BAUMAN, Z.; **TESTER**, K. *La ambivalencia de la modernidad y otras conversaciones*. Barcelona: Paidós, 2002.

BENEDITO, V. *Introducción a la didáctica*. Barcelona: Barcanova, 1987.

BIELACZYC, K.; **COLLINS**, A. "Comunidades de aprendizaje en el aula: una reconceptualización de la práctica de la enseñanza". Em: **REIGELUTH**, C. M. (ed.). *Diseño de la instrucción. Teorías y modelos: un nuevo paradigma de la teoría de la instrucción*. Madri: Aula XXI-Santillana, 2000.

BLOCH, E. *El principio esperanza*. Madri: Aguilar, 1980 (3 vols.).

BORGHESI, M. "La secularización de la cultura contemporánea". Disponível em: <http://dspace.unav.es/dspace/bitstream/10171/2806/1/Borghesi,%20M.pdf>. Acesso em: 24/08/2016.

BOSCH, A. J. i. "El educador social: una figura profesional surgida de diversas prácticas e identidades profesionales", Em: *Actas del Primer Congreso de Educación Social*, 1995.

BUNGE, M. *Emergencia y convergencia*. Buenos Aires: Gedisa, 2004.

CABANAS, J. M. Q. *Los ámbitos profesionales de la animación*. Madri: Narcea, 1993.

CAPRA, F. *Las conexiones ocultas*. Barcelona: Anagrama, 2003.

CARIDE, J. A. "Por una animación democrática en una democracia animada: sobre los viejos y nuevos retos de la animación sociocultural como una práctica participativa". Em: **VENTOSA**, V. J. (coord.). *Perspectivas actuales de la animación sociocultural*. Madri: Editorial CCS, 2006.

CARRASCO, J. I. B.; **BAIGNOL**, J. B. *Técnicas y recursos para motivar a los alumnos*. Madri: Rialp, 1995.

CARRERAS, L. et al. *Cómo educar en valores*. Madri: Narcea, 1995.

CARRERAS, C. *Aprender a formar: educación y procesos formativos*. Barcelona: Paidós, 2003.

CARRERAS, I.; **LEAVERTON**, A.; **SUREDA**, M. *Líderes para el cambio social: características y competencias del liderazgo en las ONG*. Barcelona: Esade/Universidad Ramon Llull/Instituto de Innovación Social, 2009.

CASTILLEJO, J. L. *Pedagogía tecnológica*. Barcelona: Ceac, 1987.

CEMBRANOS, F.; **MONTESINOS**, D. H.; **BUSTELO**, M. *La animación sociocultural: una propuesta metodológica*. Madri: Popular, 1989.

CHADWICK, C. B. *Tecnología educacional para el docente*. Barcelona: Paidós, 1987.

CLAVES. *Aprendiendo a organizar nuestra asociación*. Madri: Popular, 1994.

CODINA, F.; **DELTORO**, E. *Apuntes básicos para el animador juvenil*. Saragoça: Certeza, 1993.

COLOM, A. J. (coord.). *Modelos de intervención socioeducativa*. Madri: Narcea, 1987.

COLOMER, J. "Técnicas de intervención en la animación sociocultural". Em: **TRILLA**, J. (coord.). *Animación sociocultural: teorías, programas y ámbitos*. Barcelona: Ariel, 1998.

COOMBS, P. H.; **AHMED**, M. *La lucha contra la pobreza rural: el aporte de la educación no formal*. Madri: Técnos, 1975.

COOMBS, P. H. *La crisis mundial de la educación: perspectivas actuales*. Madri: Santillana, 1985.

CRUZ, M. *Filosofía contemporánea*. Madri: Taurus, 2002.

CSIKSZENTMIHALYI, M. *Fluir (flow): una psicología de la felicidad*. Barcelona: Kairós, 2010.

DAMASIO, A. *En busca de Spinoza: neurobiología de la emoción y de los sentimientos*. Barcelona: Destino, 2013.

DANIELS, H. *Vygotsky y la pedagogía*. Barcelona: Paidós, 2003.

DEL PINO, J. "Educación y participación". Em: **LUCAS**, A.; **GARCÍA**, A. *Formación para la participación ciudadana*. Buenos Aires: Lumen-Humánitas, 2001.

DELEUZE, G. *Lógica del sentido*. Barcelona: Paidós, 1989.

DEMO, P. *Complexidade e aprendizagem: a dinâmica não linear do conhecimento*. São Paulo: Atlas, 2002.

DENNETT, D. C. "Evolución de la cultura". Em: **BROCKMAN**, J. (ed.). *Cultura*. Barcelona: Crítica, 2012.

DEWEY, J. *El hombre y sus problemas*. Buenos Aires: Paidós, 1952.

_____. *La reconstrucción de la filosofía*. Buenos Aires: Aguilar, 1970.

_____. *Democracia y educación*. Madri: Morata, 1995.

DUMAZEDIER, J. *Hacia una civilización del ocio*. Barcelona: Estela, 1964.

ESCARBAJAL, A. *La educación social en marcha*. València: Nau Llibres, 1998.

FABRA, M. L. *Técnicas de grupo para la cooperación*. Barcelona: Ceac, 1994.

FAURE, E. *Aprender a ser*. Madri: Alianza Universidad-Unesco, 1973.

FERMOSO, P. *Pedagogía social: fundamentación científica*. Barcelona: Herder, 1994.

FRANCIA, A.; **MATA**, J. *Dinámica y técnicas de grupos*. Madri: Editorial CCS, 1999.

FROUFE, S.; **SÁNCHEZ**, M. A. *Animación sociocultural: nuevos enfoques*. Salamanca: Amarú, 1990.

FROUFE, S. *Técnicas de grupo en animación comunitaria*. Salamanca: Amarú, 1998.

FUNDACIÓN EDE. *Guía didáctica para la participación*. Madri: Consejo de la Juventud de España, 2011. Disponível em: <http://www.injuve.es/sites/default/files/guiaeducacionparalaparticipacion1.pdf>. Acesso em: 24/08/2016.

GADAMER, H-G. *Verdad y método*. Salamanca: Sígueme, 1977.

GAGNÉ, R. M.; **BRIGGS**, L. J. *La planificación de la enseñanza: sus principios*. México: Trillas, 1987.

GARDNER, H. *La nueva ciencia de la mente*. Barcelona: Paidós, 1988.

GAZZANIGA, M. S. *¿Qué nos hace humanos? La explicación científica de nuestra singularidad como especie*. Madri: Paidós, 2010.

GIL, J. M. N. *Neurodidáctica: aportaciones de las neurociencias al aprendizaje y la enseñanza*. Madri: Editorial CCS, (2011).

GOLEMAN, D. *Inteligencia emocional*. Barcelona: Kairós, 1996.

_____. *La práctica de la inteligencia emocional*. Barcelona: Kairós, 1999.

_____. *Inteligencia social*. Barcelona: Kairós, 2006.

_____. *El cerebro y la inteligencia emocional: nuevos descubrimientos*. Barcelona: Ediciones B, 2012.

GUICHOT, V. *Democracia, ciudadanía y educación: una mirada crítica sobre la obra pedagógica de John Dewey*. Madri: Biblioteca Nueva, 2003.

GUTIÉRREZ, L. *Métodos para la animación sociocultural*. Madri: Editorial CCS, 1997.

HABERMAS, J. *Teoría de la acción comunicativa I*. Madri: Taurus, 1987.

_____. *Teoría de la acción comunicativa II*. Madri: Taurus, 1988.

_____. *El discurso filosófico de la modernidad*. Madri: Taurus. 1989.

HAIDT, J. "Psicologia moral y la incomprensión de la religión". Em: **BROCKMAN**, J. (ed.). *Mente*. Barcelona: Crítica, 2012.

HERNÁNDEZ DÍAZ, J. M. "Antecedentes y desarrollo histórico de la animación sociocultural en España". Em: **TRILLA**, J. (coord.). *Animación sociocultural: teorías, programas y ámbitos*. Barcelona: Ariel, 1997.

HERNÁNDEZ-PINZÓN, F. J. *La comunicación interpersonal: ejercicios educativos*. Madri: ICCE, 1977.

IDAÑEZ, M. J. A. *Cómo animar un grupo*. San Isidro: ICSA, 1990.

KUHN, T. S. *La estructura de las revoluciones científicas*. Cidade do México: Fondo de Cultura Económica, 1971.

LEIF, J. *Tiempo libre y tiempo para uno mismo*. Madri: Narcea, 1992.

LERENA, C. *Reprimir y liberar: crítica sociológica de la educación y de la cultura contemporánea*. Madri: Akal, 1984.

_____. *Materiales de sociología de la educación y la cultura*. Madri: Zero, 1985.

LEWIN, K. *La teoría del campo en la ciencia social*. Barcelona: Paidós, 1988.

LLERA, J. B.; **ÁLVAREZ**, J. A. B. (eds.). *Psicología de la educación*. Madri: Eudema, 1987.

LÓPEZ-ARÓSTEGUI, R. *El perfil profesional del educador y educadora social en Euskadi*. Vitoria-Gasteiz: Servicio Central de Publicaciones del Gobierno Vasco, 1995.

LUCAS, A.; **GARCÍA**, A. *Formación para la participación ciudadana*. Buenos Aires: Lumen-Humánitas, 2001.

MAILHIOT, B. *Dinámica y génesis de grupos*. Madri: Marova, 1980.

MAILLO, A. *Un método de cambio social: la animación sociocultural*. Madri: Marsiega, 1979.

MARINA, J. A. *Los secretos de la motivación*. Barcelona: Ariel, 2011.

MARRERO RODRÍGUEZ, G. *et al.* "Dinámica de grupos y participación". Em: **MARÍN**, A. L.; **CABRERA**, A. G. (orgs.). *Formación para la participación ciudadana*. Buenos Aires: Editorial Lumen, 2001.

MATTOS, L. A. *Compendio de didáctica general*. Buenos Aires: Kapelusz, 1997.

MAYER, R. E. *Pensamiento, resolución de problemas y cognición*. Barcelona: Paidós, 1986.

MERINO, J. V. *Programas de animación sociocultural: tres instrumentos para su diseño y evaluación*. Madri: Narcea, 1997.

MILLER, L. "La resolución de problemas en colaboración". Em: **REIGELUTH**, C. M. (ed.). *Diseño de la instrucción. Teorías y modelos: un nuevo paradigma de la teoría de la instrucción*. Madri: Aula XXI-Santillana, 2000.

MORA, F. *Neuroeducación*. Madri: Alianza Editorial, 2013.

MORGADO, I. *Emociones e inteligencia social*. Barcelona: Ariel, 2010.

MORIN, E. *Introducción al pensamiento complejo*. Barcelona: Gedisa, 1998.

_____. *Introducción a una política del hombre*. Barcelona: Gedisa, 2002.

ORTEGA Y GASSET, J. *La rebelión de las masas*. Barcelona: Orbis, 1983.

PARCERISA, A. *Didáctica en la educación social: enseñar y aprender fuera de la escuela*. Barcelona: Grao, 1999.

PASCUAL, R. *Liderazgo y participación: mitos y realidades*. Bilbao: Universidad de Deusto, 1987.

PÉREZ, A. I.; **ALMARAZ**, J. (coords.). *Lecturas de aprendizaje y enseñanza*. Madri: Fondo de Cultura Económica, 1988.

PÉREZ SERRANO, G.; **PEREZ DE GUZMÁN**, M. V. *Qué es la animación sociocultural: epistemología y valores*. Madri: Narcea, 2006.

PETRUS, A. (coord.). *Pedagogía social*. Barcelona: Ariel, 1997.

PINES, M. "Neuronas espejo". Em: **SANFELIU**, I.; **SAINZ DE LA MAZA**, M. (coords.). *Del origen de la vida a la emergencia del psiquismo*. Madri: Biblioteca Nueva, 2012.

POZO, J. I.; **MONEREO**, C. (coords.). *El aprendizaje estratégico*. Madri: Aula XXI-Santillana, 2002.

POZO, J. I. *Teorías cognitivas del aprendizaje*. Madri: Morata, 1989.

PRIGOGINE, I. *El fin de las certidumbres*. Madri: Taurus, 2001.

PUIG, J. M.; **TRILLA**, J. *La pedagogía del ocio*. Barcelona: Laertes, 1987.

PUNSET, E. *Viaje a las emociones*. Barcelona: Destino, 2011.

RANCIÈRE, J. *El maestro ignorante*. Barcelona: Alertes, 2002.

_____. *El espectador emancipado*. València: Ellago, 2010.

REIGELUTH, C. M. (ed.). *Diseño de la instrucción. Teorías y modelos: un nuevo paradigma de la teoría de la instrucción*. Madri: Aula XXI-Santillana, 2000.

RIVILLA, A. M. *Didáctica e interacción en el aula*. Madri: Cincel, 1988.

ROGERS, C. R. *El proceso de convertirse en persona*. Barcelona: Paidós, 1984.

RORTY, R. *Filosofía como política cultural: escritos filosóficos 4*. Barcelona: Paidós, 2010.

SALAS, M.; **QUEREIZAETA**, M. *Métodos activos para la instrucción popular de adultos*. Madri: Marsiega, 1975.

SANFELIU, I.; **SAINZ DE LA MAZA**, M. (coords.). *Del origen de la vida a la emergencia del psiquismo*. Madri: Biblioteca Nueva, 2012.

SARRAMONA, J.; **VÁZQUEZ**, G.; **COLOM**, A. J. *Educación no formal*. Barcelona: Ariel, 1998.

SARRAMONA, J. *Bases tecnológicas del material para enseñanza a distancia*. Mestrado em Tecnologia da Educação (doc. pol.) – OEI-Universidad de Salamanca. Madri: 1989.

SARRAMONA, J. (ed.). *Comunicación y educación*. Barcelona: Ceac, 1988.

SIMPSON, J. A. "Animation socioculturelle et education permanent". Em: **CONSEIL DE L'EUROPE**. *Animation socioculturelle*. Estrasburgo: CE, 1978.

SOLER, P. (coord.). *L'animació sociocultural: una estrategia pel desenvolupament i l'empoderament de comunitats*. Barcelona: UOC, 2011.

SOUSA, D. A. (ed.). *Neurociencia educativa*. Madri: Narcea, 2014.

STUFFLEBEAM, D. L.; **SHINKFIELF**, A. J. *Evaluación sistemática: guía teórica y práctica*. Madri: Paidós-MEC, 1987.

SWENSON, L. C. *Teorías del aprendizaje*. Barcelona: Paidós, 1987.

TITONE, R. *Metodologia didáctica*. Madri: Rialp, 1981.

TRILLA, J. *Otras educaciones*. Barcelona: Anthropos, 1993.

_____. (coord.). *Animación sociocultural: teorías, programas y ámbitos*. Barcelona: Ariel, 1977.

UNESCO. *La educación encierra un tesoro*. Madri: Santillana, 1996.

VARGAS, L.; **BUSTILLOS**, G. *Técnicas participativas para la educación popular*. Madri: Popular, 1993.

VÁRIOS. *Procesos socioculturales y participación*. Madri: Popular, 1989.

VENTOSA, V. J.; **LERÍA**, M. J.; **RIVILLA**, A. M. *Formación de educadores de personas adultas II: animación sociocomunitaria – desarrollo comunitario*. Madri: Uned, 1997.

VENTOSA, V. J.; **MARSET**, R. *Integración de personas con disminución psíquica en el tiempo libre*. Madri: Editorial CCS, 2000.

VENTOSA, V. J. *La expresión dramática como medio de animación en educación social: fundamentos, técnicas y recursos*. Salamanca: Amarú, 1996.

_____. "Perspectiva comparada de la ASC". Em: **TRILLA**, J. (coord.). *Animación sociocultural: teorías, programas y ámbitos*. Barcelona: Ariel, 1997.

_____. (coord.). *Modelos de formación de animadores socioculturales en el marco de la Europa comunitaria*. Salamanca: Publicaciones Universidad Pontificia de Salamanca-Junta de Castilla y León, 1997.

_____. "Un modelo de canalización informativa para potenciar la participación juvenil". Em: **MARTÍN**, A. (ed.). *Psicología comunitaria: fundamentos y aplicaciones*. Madri: Síntesis, 1998.

_____. *Expresión musical, educación y tiempo libre*. Madri: Editorial CCS, 1999.

_____. *Desarrollo y evaluación de proyectos socioculturales*. Madri: Editorial CCS, 2001.

_____. *Fuentes de la animación sociocultural en Europa*. Madri: Editorial CCS, 2002.

_____. *Educar para la participación en la escuela*. Madri: Editorial CCS, 2003.

_____. *Métodos activos y técnicas de participación para educadores y formadores*. Madri: Editorial CCS, 2004.

_____. (coord.). *Manual del monitor de tiempo libre*. Madri: Editorial CCS, 2005.

_____. *Perspectivas actuales de la animación sociocultural*. Madri: Editorial CCS, 2006.

_____. *Ámbitos, equipamientos y recursos de intervención socioeducativa*. Madri: Editorial CCS, 2011.

_____. *Teatro musical y de calle*. Madri: Editorial CCS, 2012.

_____. "Teatro del oprimido y animación sociocultural: una revisión crítica de sus presupuestos teóricos". Em: **DANTAS**, J., **VIEITES**, M. F.; **SOUSA**, M. de *Teatro do oprimido: teorias, técnicas e metodologias para a intervenção social, cultural e educativa no século XXI*. Amarante: Intervenção, 2013.

_____. *Manual de técnicas de participación y desarrollo grupal*. Madri: Pirámide, 2016.

VICENT, J-D. *Viaje extraordinario al centro del cerebro*. Barcelona: Anagrama, 2009.

VICHÉ, M. *Animación, sistema de comunicación*. València: Dissabte, 1991.

_____. *Una pegadogía de la cultura: la animación sociocultural*. Saragoça: Certeza, 1999.

VON BERTALANFFY, L. *Teoría general de los sistemas*. Madri: Fondo de Cultura Económica, 1976.

VOPEL, K. W. *Juegos de interacción. Manual para el animador de grupos*. Madri: Editorial CCS, 1995.

WILDEMEERSCH, D. "Animación y educación en sociedades complejas: un recorrido por las perspectivas y prácticas sicopedagógicas críticas". Em: *Actas del V Coloquio Internacional de Animación Sociocultural*. Saragoça: Diputación Provincial de Zaragoza, 2012.

SOBRE O AUTOR

Víctor J. Ventosa Pérez foi professor universitário em diversas universidades europeias e norte-americanas, bem como diretor dos Centros Municipais de Animação e Informação Juvenil de Salamanca e fundador e presidente da Rede Iberoamericana de Animação Sociocultural (RIA). Seus mais de quarenta livros sobre educação social, animação sociocultural, ócio e tempo livre, publicados em diversos países e traduzidos para os mais diversos idiomas – bem como sua participação como orador convidado em mais de 300 congressos internacionais –, endossam sua trajetória e proporcionam um legado que marcou a trajetória do desenvolvimento científico e profissional da animação sociocultural.

Fonte UNIFORM e JANSON
Papel PÓLEN BOLD 90 g/m²
Impressão Nywgraf Editora Gráfica Ltda
Data dezembro/2016

MISTO
Papel produzido a partir de fontes responsáveis
FSC® C044162